U0515618

天津博物馆文物展览系列图集

天津人文的由来

主 编：岳 宏

摄 影：刘士刚

天津博物馆文物展览系列图集

天津人文的由来

天津博物馆　编

文物出版社

总序

陈卓

天津，中国的历史文化名城，地处九河下梢，位当京畿通衢，自古以来便是舟车汇聚之地、人文荟萃之所。明清以降，城市经济的发展带来了文化的勃兴，津沽之地渐成典章集聚、文物汇藏的名区。近代开埠后，天津更一跃成为中国北方的经济中心与文化重镇。特殊的地理位置与城市地位为天津文物文化事业发展奠定了雄厚基础。众多卓有建树的文物鉴藏家临于斯土，八方风物、历代珍品亦有缘归于津门。在天津这片沃土上，文物收藏逐渐形成传承有绪、品类齐全的良好局面，这不仅构筑起天津收藏的整体规模，更对后世影响颇巨，遗泽深远。

作为近代文明的发展标志，博物馆进入中国时间较晚，最先出现于一些“得风气之先”的口岸城市。在天津，博物馆已走过了近百年的发展历程。新中国成立后，尤其是经过改革开放后的快速发展，天津的文物博物馆事业真正进入了“大有为”的时期。时至今日，城市博物馆群体已颇具规模。其中，天津博物馆以其丰富的藏品、广泛的影响在国内外业界享有崇高声誉，并成为绍绪天津收藏传统，开拓文化公益事业的典型。作为一座大型历史艺术类综合性博物馆，天津博物馆拥有涉及历史文献、书法绘画、陶瓷器、玉器、青铜器、金银器、甲骨、砚台、玺印、钱币、邮票以及民间艺术等多门类20余万件藏品。如何将众多的文化精品惠及更广泛的民众，这始终是天津博物馆致力于探寻的问题。对于现代博物馆而言，举办高水平展览无疑是实现这一目标的主要方式。

2009年，天津博物馆新馆项目立项。天博人决心利用此次良机，对原有各类型展览进行大规模充实、创新。筹展工作开始后，天津博物馆先后多次邀请国内众多知名专家、同行会商策展大计，并组织本馆专业人员对原有展览进行全面评估，深入挖掘馆藏文物的特点及内涵，由此确定下新馆展览的设计方向。

与原有展览不同，新馆展览在内容设计与展示手段方面皆有较大程度的改进创新。一方面，新展览加大了馆藏优势的体现力度，通过“耀世奇珍——馆藏文物精品陈列”、“聚赏珍玉——馆藏中国古代玉器陈列”、“线走风姿——馆藏明清书法陈列”、“寄情画境——馆藏明清绘画陈列”以及“雅静青蓝——馆藏明清青花瓷陈列”等文物精品、专题陈列，集中向观众展示了天津博物馆在多个文物类别领域的收藏“深度”与“精度”。在这些展览中，许多珍贵文物都是首次与民众见面。人们将有机会尽可能多地欣赏、了解这些古代文化遗珍；另一方面，在选取“好题”、“好物”的基础上，新馆还推出多个新颖的文物主题展览。其中，“器蕴才华——文房清供陈列”、“安和常乐——吉祥文物陈列”、“沽上风物——天津民间工艺陈列”和“志丹奉宝——天津收藏家捐献文物展”等均在突出主题的同时，打破了以往堆砌文物的展览模式，在创意与馆藏文物间找到最佳的契合点，力求在推出精品的同时，向观众奉献格调高雅、内涵丰富的高水平展览。这些展览不囿于传统陈设理念，而是解放思想、大胆创新，强调观众的互动参与，通过对馆藏文物的鉴选整合，探索出别开生面的展览新模式，创造出迥别于以往的展示意境。

无论文物主题展抑或专题展，它们皆力求打破以往以物论物的界限，利用一些为民众所熟悉的传统文化主题组织瓷、玉、书画等丰富文物展品，从而使各类器物在新的主题下获得了崭新的解读视角。展览也因此在更加贴近中国传统文化的同时，符合了民众的心理需求，使观众在“贴近”艺术珍品的同时对传统文化增进了解，有所记忆。

众所周知，博物馆在进入中国那一刻起，便担负起整理故物与开启民智的职责和使命。在现代城市博物馆中，人们不仅需要掌握传统文化的精髓，还须借由展览熟悉城市历史的发展过程，熟悉特有的地域文化，进而从中有所启迪，有所领悟。有鉴于此，天津博物馆重新“包装”推出了“天津人文的由来”、“中华百年看天津”等历史文化主题展。这部分展览集中展示了天津城市的发展历程、历史人文的发展脉络，努力使观众通过观展明晓天津历史文化渊源，在观史的同时解读身边的城市。其中，“中华百年看天津”一直是天津博物馆致力推出的“拳头产品”，此次借由新馆创立之机，策展人员重新对其进行了加工完善，借助文物、文献、史料、照片等2100余件展品，极大扩充丰富了展览内容，使天津近代发展面貌得到全景式展现，从而在做足天津本土文化主题的同时，达到引领观众了解中华民族伟大复兴历程的目的。

2012年5月，天津博物馆新馆正式对外开放，新设11项基本陈列亦相继与观众见面。它们在带给观众赏悦感受的同时，也无疑将为他们打开一扇文物典藏与文化传播的大门。为扩大展览的影响，使喜欢这些展览的广大观众朋友们更方便地鉴赏、认识这些珍贵的艺术精品和历史文物，深度了解展览的旨意，同时也为鉴证、保留这次策展的丰富经验与丰硕成果，天津博物馆特组织策展人员精心遴选展览中的文物，力图用通俗易懂的语言编写本套图录，将那些绚烂的艺术品、历史的见证物与凝聚众多天博人心血的展览设计变为文字、图片汇入册页，以志纪念，并请指正！

目 录

概述

岳宏

“天津人文的由来”是天津博物馆展示天津古代历史的基本陈列。它通过“引子:‘天津人’，你在哪里？”、“文明初晓—史前的天津”、“青铜岁月—夏商周时期的天津”、“帝国春秋—秦朝至元代的天津”和“城市时代—明清时期的天津”五个前后衔接的单元，从发掘文化原点、理清历史脉络、突出节点事件、彰显重要人物、揭示发展动力五个方面表现了漫长的天津古代历史。

一　发掘文化原点

“天津人文的由来”中的文化原点就是指在当代天津市域范围内发现的史前人类活动的物质遗存。在陈列中，用了两个部分——“引子：天津人，你在哪里？”和“文明初晓—史前的天津”对史前文化原点进行了发掘。

首先，通过对2005和2007年在蓟县地区采集、发掘的旧石器时代晚期的小石器及相关辅助展品的展示，剖析了小石器文化的历史地位和特性，指出小石器的出现使天津历史向前推进了一个阶段，由过去认定的8000年，上溯到4.3万年以前。由于“小石器为主的组群，代表着中国旧石器文化的主流传统”[①]，因此，天津文化在原点上就与当时的中国主流文化同步发展。这一阶段物质文化的特点是复合工具发达，折射出狩猎经济的繁荣。在揭示历史地位的同时，陈列还展示了蓟县附近地区小石器文化的分布，包括北京市的市区、房山、平谷、密云、延庆、怀柔和河北省的玉田、遵化、兴隆、迁安、滦县、平泉等地，表明蓟县小石器文化与这些地区的小石器文化一脉相通，是这一区域文化的重要组成部分。仅从目前的考古成果看，蓟县地区就分布着27处旧石器出土地点，随着工作的深入，这一地区完全可能发现更多的旧石器文化遗存，甚至出土人类遗骸化石，这就引出了一个新的概念：“天津人”。为了唤起观众的注意和期待，展览开头的“引子”就用了“‘天津人’，你在哪里？”的标题。

其次，通过对距今8000—6000年前的蓟县青池遗址一、二期出土文物的展示进一步发掘新石器时期天津文化的原点，并对其进行追根溯源，指出，青池遗址一、二期遗存出土的筒形罐分别与内蒙古敖汉旗兴隆洼、赵宝沟出土的筒形罐大致相同，表明它们之间存在一定的联系。苏秉琦先生的“六大区系”说也指明，这两地均属北方文化范围，作为“以燕山南北长城地带为重心的北方”，其范围“北起西拉木伦河，南至海河”，包括了今天的赤峰市和京津地区[②]。这就是说，蓟县的青池文化，也即新石器时期天津地区的文化原点是北方文化的重要组成部分。更重要的是，这一区域文化在史前时期曾居于领先地位，较之中原地区都要先行一步[③]。这种着眼区域、比较全国的陈列叙述，使观众们对天津文化原点的历史地位有了全新的认识。至此，发掘史前文化原点的陈列价值已彰显无遗。

二　理清历史脉络

天津地区的人类活动已有数万年的历史。为了理清自旧石器时代晚期至近代以前的历史脉络，以宏观的视角，于有限的空间将古代天津的文化积淀展现给广大观众，在内容设计中，有必要首先对这段漫长的历史进行梳理,具体而言就是划分相应的发展阶段。在这一过程中，既要考虑国家主流文化的发展历程，从而为展示地方历史风貌建构起宏观背景；又要多少兼顾地方特色，努力将两者重叠之点，也即地方文化与国家主流文化的同质性作为划分发展阶段的依据。幸好有关古代天津历史的研究成果刚好能够满足这一需要。之所以这么说，是因为近五年来的考古发掘、研究成果填补了某些空白。由此可见，在陈列中使用最新成果的确能够在某种程度上“重建”历史，为观众提供较完整的知识体系。

通过对全国和地方历史的比较研究，“天津人文的由来”陈列将天津古代历史划分为五个发展阶段:“引子:‘天津人’你在哪里?”、“文明初晓——史前的天津”、“青铜岁月——夏商周时期的天津”、“帝国春秋——秦朝至元代的天津”和“城市时代——明清时期的天津”。

“引子：‘天津人’，你在哪里?”展示了天津旧石器时代文化。迄今为止，仅在蓟县就已发现了27处旧石器地点，表明至少上万年前天津就有人类居住，尽管很可能是临时居住。随着旧石器考古的深入开展，蓟县地区很有可能发现人类的遗骸化石，故以“‘天津人’，你在哪里?”作为旧石器内容陈列的标题。需要指出的是，旧石器时期文化仅发现于数年前，属于天津地区的最新重大考古发现。

“文明初晓——史前的天津”展示的是新石器时代的天津文化。通过对蓟县青池遗址出土文物和弥勒院、下埝头遗址出土文物的比较展示，向观众讲述了天津文化不仅是已知中国文明中最早成熟、发达起来的文化的一部分，而且是不同文化交汇的产物。在陈列中，将对文明诞生的标志物——陶器——的展示和再现定居农耕生活的景观作为这一部分主要的陈列手段,紧扣“文明初晓”这一标题，使观众能够形象直观地了解史前天津的最后一幕。

“青铜岁月——夏商周时期的天津”展示了先秦时期的天津文化。通过对三代青铜器的展示以及土著文化与燕文化的比较，揭示了夏、商时期天津地区的人类文明主要是土著文化，但自西周开始，外来的周文化开始逐渐融合土著文化和自北方传入的“边缘文化”——戎狄文化。此外，通过多媒体，展示了距今4000年前——中国进入历史时期——天津平原地区经过波浪式的海退逐渐成陆的自然过程，为天津地区的人类文明由山地走向平原创造了物质条件。同时表明，天津地区的人文历史在较早阶段就与自然环境的变迁相互影响。

“帝国春秋——秦朝至元代的天津”展示了天津正式进入大一统中央集权帝国版图的过程和结果。为了突出这一过程的开始，秦代部分首先展出一个秦始皇兵马俑（复制品），以此说明秦国军队灭亡燕国的历史过程。此后的历史，天津与全国大部分地区一样经历了汉唐盛世和少数民族入主中原的战乱。这一时期，天津地区经历了海河水系的形成、京师门户和漕运枢纽的确立，这些都为天津历史的进一步发展增添了动力。这一部分的展示重点是东汉文化，因为无论是北部的蓟县，还是南部的静海，都出土有大量的东汉文物，为陈列提供了较丰富的展品。

“城市时代——明清时期的天津”展示的是当代天津城市的原初形态。严格地说，明清时期仍为帝国时代，但为了突出天津作为城市的地方特色，在内容设计中，根据天津城市史的发展进程，将明清时期命名为“城市时代”。不独天津如此，就全国而言，到明代中叶，中华文明也进入了新的历史时期，“其重要的标志就是商业经济的繁荣，市民的壮大，以及由此带来的城市文化形态的形成”[④]。由此可见，到封建王朝的最后两代，天津历史与全国历史仍保持重合性，并成为这一文明时期的典型代表。为了充分表现这一内容，不仅陈列了反映城市历史的文物，而且制作了城墙、古城模型、商业和民居景观，将“天津人文的由来”推向高潮。

三　突出节点事件

客观的历史事件或过程是汇集历史长河的主要元素，是历史线索上的重要节点，因而更是历史陈列的重点。长达数万年的天津古代历史包括了不可胜数的事件或过程，为了在有限的空间进行展示，需要精选历史事件或过程，其标准就是在天津发生并对历史产生了广泛影响。

“天津人文的由来”主要节点事件或过程包括：

周文化对土著文化的融合。这是西周分封制后在当时的全国范围内普遍发生的一个历史过程，其结果大多是相对先进的周文化融合了土著文化。天津蓟县的出土文物比较鲜明地表现了这一过程。

戎狄部落的南侵。春秋时期形成的游牧或半游牧民族经常袭掠长城地带以南沿线的农耕定居民族。戎狄部落不仅在天津留有文化遗存，而且很可能建立了一个国家——文献记载的无终子国。

燕与齐、赵对天津南部平原的争夺。这是诸侯国之间展开的争夺人口和土地的战争，是东周后半期各大诸侯国经常性的军事行动，以至于用“战国”一词来指称这一时期。三国对天津南部的争夺可以看作是“战国”的缩影。

秦国的兼并战争。秦始皇统一全国是中国历史上最重大的事件之一。就天津地方史而言，更重要的是秦始皇将右北平郡治迁到今天津蓟县（时称无终县），使其成为区域行政中心。

举孝廉入仕的察举制度。察举是从汉到隋的一种选官制度，而举孝廉又是汉代察举制度中最为重要的岁举科目。天津武清兰城出土的著名的“鲜于璜碑”就记载了察举制度的施行。

海河水系的形成。海河是华北地区大河之一，流域面积26.4万平方公里，它孕育了天津城市。

佛教的传播与盛行。佛教是世界三大宗教之一，约在公元纪年前后传入中国，至南北朝时期传播于全国。佛教文化是天津历史文化遗产的重要组成部分。

三会海口与唐代海运。唐代是中国历史上最强大的王朝之一。在此期间，天津首次拥有了海港，并成为海、河转运的枢纽。

安禄山叛乱。755—763年的安史之乱是唐朝由盛而衰的转折点，天津蓟县是安禄山起兵处之一，并因此留下了“渔阳鼙鼓”的声威。

宋辽对峙。今天津海河是当时宋辽之间的界河，契丹文化与汉文化在此交汇。

国都门户与漕运枢纽的形成。1153年，金海陵王完颜亮迁都燕京（今北京），并将其定为中都，天津首次成为京师门户。1205年，金章宗改挖运渠，使运河流经天津，这里旋成为漕运枢纽。

元代海运。为了从南方调集粮食，供应首都大都及北方部分地区，元政府组织了大规模的海上运输，终点在今天津（时称直沽）。海运促进了南北物资和文化交流，特别使以妈祖崇拜为代表的南方海洋文化传播于天津。

长芦盐务中心的形成。明清时期长芦盐区是中国海盐的主产区之一。自清初开始，天津逐渐成为长芦盐务的总汇之地，以至于康熙年间清政府将长芦巡盐御史衙门和长芦盐运使司衙门先后迁至天津。

设卫筑城。1404年，明成祖朱棣下令修筑天津城，是为天津城市之始。

明代长城的修筑。明代长城是中国历史上规模最大的长城，也是目前保存最完整、最雄伟的古代防御设施，对当时的国家安全起了积极作用。位于天津蓟县的明代长城是首都防御设施的重要组成部分，为此明政府曾选派戚继光在此镇守。

商埠的形成与繁荣。1731年（雍正九年）天津设府，最终完成了由军事要地向运河城市的转型。

水西庄的文人雅事。藏书万卷、文人荟萃的天津水西庄与扬州小玲珑山庄、杭州小山堂并称为清代三大私家园林，曾一度是天津雅文化的中心。

移民的迁徙。由于连绵战事，到了明代初年，天津地区人口极为稀少。在政府的组织下，大量移民从各地开始进入天津。

上述素材构成了古代天津历史陈列的基本轮廓。通过相应的文物和辅助展品，将这些史实串列成线，展示给广大观众。

四　彰显重要人物

历史人物是历史事件、过程的主体，是创造历史的代表，与历史事件、过程不可分离，因而也必然是历史陈列着重表现的对象，它能够使机械的事件、过程变得鲜活生动，充满情趣、细节，从而形成绚丽多彩的画卷。正因为如此，“天津人文的由来”着眼全国影响，遴选了若干在天津留有史迹的重要人物，并与相应的史实结合，展示他们的历史贡献，这些人物包括：

春秋五霸之首的齐桓公，他曾在北伐山戎、挽救燕国的历程中，驰骋天津地区。

魏武帝曹操，他曾在北伐乌桓、平定北方的过程中在天津地区开凿平虏渠、泉州渠和新河，从而沟通了海河与各支流的联系，使海河水系第一次形成。

金朝皇帝金章宗，他曾改凿永济渠北段，使运河流经三岔河口，天津开始成为服务于国都的漕运枢纽。

明成祖朱棣，他在起兵南下夺取政权的过程中，曾自天津济渡沧州。夺取政权后，又命在天津设卫筑城，并将此地命名为“天津”。

明朝著名军事家戚继光，他曾总理蓟州（今天津蓟县）等地练兵事务16年，在此期间，他加固长城、筑建墩台、整顿屯田、训练军队等。

明代著名科学家徐光启，他曾于1613—1621年间四次来到天津，垦田数千亩，进行南粮北种的试验，并获得成功。在天津期间，徐光启积累了丰富资料，起草了《农政全书》的部分纲目，“海河”一名也首现于是书。

清世宗雍正皇帝，他曾批准将天津卫改为天津州，旋又升为直隶州；1731年（雍正九年），又批准将天津升为府，推动天津由一个军事卫所成长为一座中等规模的城市。

这些历史俊杰，既包括雄才大略的政治人物，又包括英勇善战的军事将领，还有科学文化巨匠，虽然他们身份各异，但在天津古代史上都留下了浓墨重彩的一笔。

五　揭示发展动力

如果说前四点均是对天津历史客观展示的话，那么第五点——揭示发展动力——则是在此基础上探索推动古代天津发展的深层缘由。利用文物及辅助展品将这一探索感性化，变抽象理论为形象解读是“天津人文的由来”这一陈列的新尝试，也是创新之点。

古代天津历史发展的主要动力来自文化交汇融合与城市经济活动等。

天津地区的文化交汇融合体现在两个方面，其一是两种文化之间的交汇融合；其二是同种文化不同地域风格的交汇融合，主要由移民完成。

早在新石器时期，来自燕山以北的一个部族就在蓟县山前平原的青池定居下来，其物质文化以筒形罐为代表；约2000年后，来自太行山以东的另一个部族也进入蓟县山前平原，在稍南一些的弥勒院和西边的下埝头居住下来，物质文化以釜、支脚为代表。这“两种属性不同的文化”均延续至西周时期⑤，相处至少3000年。在此期间，完全存在相互影响、渗透的可能性。陈列中，将这两种文化的遗物进行了对比，能够引起观众的无限遐想。

西周时期，封于燕国的周人携商代遗民进入天津地区，带来了新的文化。外来文化与土著文化在接触中出现了共处、融合的现象，陈列中根据文化交汇融合的程度从两个层次上将其展示出来：其一是在蓟县张家园西周时期的墓葬里，具有周文化特征的青铜鼎、簋与象征土著文化的金耳环一起出土，表现两种文化的共处。其二是在刘家坟的一个遗址中出土了因两种文化融合而产生的新型陶鬲。总的来看，周文化表现出一定的先进性，土著文化则在不断地适应新的人文环境。在这种接触中周文化逐渐消融了土著文化，将天津地区纳入中原文化圈，推动了历史的发展。

无独有偶，战国时期燕、齐、赵三国势力在天津南部地区接触，并相互争夺人口，兼并土地，促进了这一地区的开发。陈列中展示了静海西钓台古城遗址出土的带有铭文的齐国陶量器残片和表现战争残酷性的带有箭镞的人腿骨。

宋辽时期，宋文化与辽文化又在天津交汇，进而融合。当时两国大致以今天的海河为界，以南为宋，以北归辽。由于宋文化具有相对的先进性，形成对辽文化的优势，即使在远离海河的蓟县辽墓中仍发现有“若干宋文化因素”⑥，表明存在某种程度的汉化现象。

由于移民使同属华夏文化的各地文化相继传播至津，带来了先进的生产力和异域风格的遗物。蓟县小毛庄东汉墓出土的画像石具有河南南阳风格，表明当时已有中原移民北上蓟县，并扎根于此。不仅如此，蓟县七里峰出土的东汉祭坛的石片上也刻有河南东汉时期的一个县名——宜禄（今河南郸城宜路镇），表明当时两地之间可能有较密切的人员往来。这或许与曹操率中原兵马北征乌桓有关。无论如何，中原移民的北上增加了蓟县人口，继而发展了当地经济。陈列中，通过文物对此进行了重点展示和解读。

到了元代，在今天津地区出现了军事组织海津镇，很多来自东南沿海的移民——或为随军家属，或是解甲归田之人——在此定居。当时的诗人傅若金在其作品《直沽口》中留有“兵民杂居久，一半解吴歌”的诗句。

自明代设卫筑城开始，大批军人及其家属再次来到天津。据研究，当年的军户移民约在40760—59733人之间⑦。有295位官员的籍贯至少涉及十几个省，其中位居前四名的是：安徽，84人，占28.5%；江苏，54人，占18.3%；山东，38人，占12.9%；河北31人，占10.5%。⑧

直到清代，移民推动天津经济、文化发展的物证仍络绎不绝。陈列中，展示了由各地在津商人兴建的会馆的牌匾以及南北文人荟萃的水西庄文化现象，以此阐释文化融合导致优势互补，进而产生发展动力的道理。

除文化因素外，城市经济的繁荣也是推动古代天津，特别是明清时期天津城市发展的动力。

这一时期，天津发展的经济动力主要有漕运、商业和盐业。

明代初年，漕粮以海运为主，河、陆兼运为辅。1415年横贯南北的大运河全线贯通后开始内河运粮。1421年迁都北京后天津重新成为供给首都漕粮的转运枢纽。清代漕粮仍经运河，直到19世纪50年代。明清两代年漕运量一般在400万石左右。明代有漕船11770艘，成立了专门运量的部队——运军，有官兵12万人。清代康熙以前全国漕船总计10455只，雍正以后，漕船数多为6000多只。清代常设运丁144500余人。

漕运促进了南北地区的商品流通。明、清两代漕船携带的商品量可能达到800万—900万石，超过了漕粮。除河运外，1684年海禁开放后，来自广东、福建、浙江、江苏的海船可直达天津。其中，闽粤商船队规模最大，带来了大量洋广杂货。

由于商品经济的发展，早在明朝宣德年后，天津城内中心和四个城门附近就出现了集市。到弘治六年(1493)又添设五集一市，达到了每天有集有市的程度。万历年间，政府增加了10余种税，其中“天津店租”居首位。

到了清代乾隆年间天津栈房林立、街市纵横，特别是出现了一大批专业市场，如绸缎店云集的估衣街、专营日用杂货的河北大街以及针市街、锅店街、粮店街、洋货街等，城市经济蓬勃发展。据1844年编印的《津门保甲图说》统计，当时天津城厢总户数的半数以上都是商户。

除漕运、商业外，盐业是明清时期天津城市经济的另一支柱，它包括生产、运销与管理。从明代晚期开始，天津地区推广了先进的晒盐技术，加之内河畅通，使天津逐渐成为长芦盐的产销中心。当时，天津地区的芦台、三汉沽、丰财三个盐场年产量约占全国的10%左右。

到了清代，长芦盐的最高管理机构长芦巡盐御史衙门和长芦盐运使司衙门迁到天津。长芦盐税每年占全国盐税的11%。

总之，揭示古代天津的发展动力自始至终贯穿“天津人文的由来”，是陈列中的重点也是亮点，给观众以全新的感受。

天津博物馆基本陈列“天津人文的由来”的内容设计努力体现上述五点思路，力求以宏观视野，形象展示，深刻解读来还原古代天津的发展历程。

注 释

① 苏秉琦:《中国文明起源新探》，辽宁人民出版社2009年，第152页。

② 苏秉琦:《中国文明起源新探》，辽宁人民出版社2009年，第33页。

③ 苏秉琦:《中国文明起源新探》，辽宁人民出版社2009年，第113、119页。

④ 袁行霈、严文明、张传玺、楼宇烈主编:《中华文明史》(一)，北京大学出版社2006年，第18页。

⑤ 陈雍:《考古的天津》，吉林大学边疆考古研究中心:《庆祝张忠培先生七十岁论文集》，科学出版社2004年，第559页。

⑥ 陈雍:《考古的天津》，吉林大学边疆考古研究中心:《庆祝张忠培先生七十岁论文集》，科学出版社2004年，第562页。

⑦ 高艳林:《天津人口研究(1404—1949)》，天津人民出版社2002年，第8页。

⑧ 罗澍伟主编:《近代天津城市史》，中国社会科学出版社1993年，第69页。

第一部分

引子：『天津人』你在哪里？

至少4.3万年前，天津已有古人类光顾。考古工作者们曾在蓟县北部山区采集到一批旧石器，它们是晚期智人使用过的打制工具。这些细小的石器，代表了中国旧石器文化的主流传统。尽管这次考古使天津历史向前延伸了一个阶段，但是石器的制造、使用者尚未露出庐山面目，人们在继续寻觅中不禁要问“天津人”，你在哪里？

蓟县旧石器文化

华北地区的旧石器文化有两个系统，其中之一就是小石器文化，它的基本特征是利用小石片制造小石器。小石器文化延续的时间从距今百万年至几万年前，代表着中国旧石器文化的主流传统。天津附近的小石器文化范围包括河北、北京。天津蓟县的小石器遗存应该是这一文化的组成部分。2005年3-5月间，天津市文化遗产保护中心的考古工作者们在蓟县北部的调查中发现旧石器地点27处。这是天津考古学史上的重要发现。

小石器　旧石器时代

长2-4.5、高2-4.5、厚0.2-1.5厘米

2007年5-7月，天津市文化遗产保护中心与中国科学院古脊椎动物与古人类研究所共同对蓟县东营坊一处旧石器遗址进行了发掘，出土了一批小石器，距今约4.3万年。

第二部分

文明初晓——史前的天津

新石器时代的天津文化至少具有两大特点：它是中国北方文化的重要组成部分，而北方文化是目前已知中国文明中最早成熟、发达起来的一种文化；它是不同文化交汇的产物，来自燕山以北和太行山以东的两种文化都在天津北部的山前平原留下了遗存，它们是天津市域内最古老的文化。

两大文化在天津的交汇

距今约1万年前，中国进入新石器时代，逐渐形成了相对稳定的六大文化区系：以燕山南北和后来长城地带为重心的北方，以山东为中心的东方，以关中（陕西）、晋南、豫西为中心的中原，以环太湖为中心的东南部，以洞庭湖与四川盆地为中心的西南部，以鄱阳湖-珠江三角洲一线为中轴的南方。北方文化范围北起西拉木伦河，南至海河，东部边缘不及辽河，西部在张家口地区的桑干河上游、蔚县一带，包括辽宁朝阳、内蒙古赤峰、河北张家口和北京、天津四个板块。这一地区历史上是农牧分界、交错地带。距今大约8000年前，来自北方的一个部族出现在蓟县山前平原的青池一带，其物质文化以筒形罐为代表；此后，来自太行山以东的另一个部族也进入蓟县山前平原，在下埝头、弥勒院一带居住下来，物质文化以釜、支脚为代表。天津成为两种文化的交汇之地。

筒形罐与豆　新石器时代

筒形罐高26、口径23厘米

豆高14.8、口径20厘米

距今大约8000年前形成了青池遗址第一期文化遗存。内蒙古赤峰敖汉旗的兴隆洼出土有与青池遗址第一期文化遗存相同的筒形罐，表明它与青池遗址第一期文化遗存之间存在联系。青池文化的创造者们在此繁衍生息、代代相传。到距今大约6000年前，在继续以筒形罐为主要炊器的同时，又引进了一种新的器形——豆。这是青池遗址第二期文化遗存出土的筒形罐和豆。内蒙古赤峰敖汉旗的赵宝沟遗址出土的陶器与青池遗址第二期文化遗存出土的陶器相同，表明第二期文化遗存与赵宝沟文化之间存在联系。

陶钵　新石器时代

高5.8、口径13.6厘米

这是青池遗址第二期文化遗存出土的带有修补痕迹的陶钵。

人面形石雕　新石器时代

长3.8、宽2厘米

这是属于青池遗址第二期文化遗存的小型石制艺术品。

石磨盘与石磨棒　新石器时代

石磨盘长50、宽24厘米，石磨棒长31厘米

大约6000年前，青池遗址的人们过着采集、农耕的生活。这是青池遗址第二期文化遗存出土的石磨盘与石磨棒，主要用于碾压植物果实，以便脱壳。

弥勒院遗址

距今大约6000–5000年前，在蓟县山前平原的下埝头、弥勒院等地出现了一个新族群，他们来自太行山以东，其生活年代大约与中原仰韶文化同期。图为弥勒院遗址发掘现场全景。

新石器时代天津人的生活方式

农业、制陶和家畜的出现以及定居生活，表明距今5000–4000年前天津地区已经进入文明初始阶段。在下埝头遗址中，发现了天津地区最早的房址，为半地穴式。

下埝头陶釜、弥勒院一期支脚　新石器时代

陶釜高13.5、腹径20.5厘米，

支脚型高11–12.5、直径4–11厘米

来自太行山的移民带来了新的文化，其代表性器物为釜与支脚。这是下埝头遗址出土的陶釜和弥勒院遗址出土的支脚。

第三部分

青铜岁月——夏商周时期的天津

夏、商时期，天津地区的人类文明主要是土著文化。从西周开始，外来的燕国文化逐渐融合土著文明和自北方传入的其他文化。与此同时，天津平原地区逐渐成陆，这一地区的人文历史与自然环境的变迁相互影响。

青铜爵　二里头文化

高 19.7、宽 17 厘米

分布于河南西部和山西南部的二里头文化（因最初发现于河南省偃师市二里头村而得名），很可能就是目前已经发现的具有标志性的夏文化遗存。这是与二里头文化同时期的饮酒器——青铜爵。

青铜鼎　商

高28.4、口径25厘米

商代的青铜器冶炼技术和青铜器艺术达到高峰。

张家园遗址

在中原文明历经夏、商王朝，进入青铜时代的同时，天津境内的土著文化也在经历着自成体系的发展，并由蓟县山前平原向南扩展。当时的天津地区不在夏、商政权的直接统治范围内。图为天津境内与夏、商同时期的文化遗址——蓟县张家园遗址的地表环境。

青铜镞、青铜耳环　商

铜镞长3.5、宽2.5、厚0.7厘米，铜耳环长4、宽3厘米

这是与夏商同期的蓟县张家园遗址第三期遗存出土的青铜镞、青铜耳环，表明天津地区也进入了青铜时期，是北方系青铜文化的一部分。

青铜刀、青铜凿　商

铜刀长11、宽3厘米、
铜凿长7.3、宽1.1、厚0.6厘米长4、宽3厘米

与张家园遗址第三期遗存同时期的蓟县围坊遗址也出土了青铜刀和青铜凿。

陶鬲　商

红陶鬲高29.5、腹径22厘米、
陶鬲高17.2、腹径13厘米

天津地区虽然已进入青铜时代，但这一时期主要的生产、生活器具还是陶器。这是张家园遗址出土的陶鬲。

贝壳堤

就在距今4000年前中国进入历史时期的时候，因海进而高涨的海平面已回落到与现代海平面大致持平的程度。此后，天津平原地区经过波浪式的海退逐渐成陆。海退的同时，在天津附近入海的黄河为天津平原积淀了深厚的黄土，使之便于农耕、居住。海平面稳定后，海岸线停留在小王庄、张贵庄、巨葛庄、八里台、中塘、沙井子一带，在海浪等的作用下逐渐形成了贝壳堤。据碳十四测年，这条贝壳堤的时间上限为距今3800年，下限为距今3000年（一说2800年），距海11-25公里。天津的贝壳堤被誉为世界三大贝壳堤之一。

燕国

公元前1046年，商朝灭亡，周朝建立。周朝实行分封制，封召公奭于燕，建立燕国。燕国版图以今北京地区为中心，占有今天津与河北北部、山西东北部和辽宁西部地区。

陶鬲　西周

通高47.5、口径32厘米

西周初期，天津地区的人文中心仍位于今蓟县一带，历经数千年发展的土著文化处于强势地位。这是青池遗址出土的具有地方特色的陶鬲。

青铜鼎　西周

通高47.5、口径32厘米

燕国建立后，封于燕国的周人携商代遗民进入天津地区，带来了新的文化。这是蓟县张家园西周人墓葬出土的青铜鼎。

青铜鼎、金耳环　西周

鼎高19–21.5、腹径15–17.2厘米，金耳环直径5.5厘米

外来周人与当地居民共同生活。在蓟县张家园西周时期的墓葬里，具有周文化特征的青铜鼎与象征着土著文化的金耳环一起出土。

“天”字青铜簋　商周

宽33、高17、口径17厘米

蓟县张家园西周墓葬出土的这件青铜簋，其年代约为商代晚期到西周初年，内底部有“天”字铭文，被认为是周人一个氏族集团的族徽。具有同样族徽的青铜器多出土于陕西、山西北部。

陶鬲　西周

高47.5、腹径32厘米

不仅代表两种文化的器物共同出土，而且由于两种文化的融合还产生了新的器物。蓟县刘家坟遗址中出土的这种陶鬲就具有周文化与土著文化两种因素。

陶鬲　春秋

高23、腹径18厘米

经过几百年的发展，到春秋战国时期（公元前770-公元前221年），燕国文化已从山地走向平原，覆盖了大部分天津地区。这是津南巨葛庄出土的春秋时期的陶鬲。

二齿铁镐　战国

长15、宽10、厚4厘米

天津平原地区较大规模的人类活动始于战国时期，虽然较晚，但正赶上中国铁器开始广泛使用的时代。幽燕大地是中国最早出现铁器的地区之一。这是武清兰城出土的战国时期的燕国铁器——二齿镐。

燕国货币　战国

长14、宽1.8厘米

随着铁器的出现和农业的发展，燕国的商品经济日益繁荣。这是宝坻歇马台出土的战国时期的燕国货币。

青铜剑　战国

长42.5、宽4厘米

到战国时期，燕国已发展为“七雄”之一，具有较强的军事实力。这是宝坻牛道口出土的战国时期的青铜短剑。

张贵庄战国墓

1956年，在东丽区张贵庄一带发现了战国时期的燕国墓葬，表明燕国的势力已达津沽大地的最东端——当时的海岸线附近。这次发掘是天津地区的首次考古发掘。图为发掘现场。

陶鼎、陶豆、陶壶　战国

鼎高35、口径29厘米，豆高23.5、口径20.5厘米，壶高47.5、腹径23.7厘米

燕国文化与中原文化多有交流。这是张贵庄战国时期燕国墓出土的带有中原地区文化特点的陶鼎、陶豆、陶壶。

蓟县西山北头青铜短剑柄

活跃在燕国北部边陲的戎狄部落不断南下侵扰燕国。这是蓟县西山北头出土的战国时期的戎狄文物——青铜短剑柄。

蓟县府君山

夏商周时期，蓟县地区曾存在一个名叫“无终”的国家，由土著部落发展而来。无终国被认为是山戎之国。图为无终国因之得名的无终山（今名府君山）。

北京山戎墓葬群

春秋战国时期，山戎势力不断壮大。公元前664年，山戎攻打燕，燕国急忙向齐国求救。于是齐桓公北伐山戎，挽救了燕国。这是北京延庆军都山发掘的东周时期的山戎（一说狄人）墓葬群。

“陈和忑左廪”陶量器残片　战国

长9.5、宽4.6厘米

战国时期，齐国的势力进入今天津南部地区。这是静海西钓台遗址出土的带有铭文的齐国陶量器残片。

“平舒”铜戈　战国

长22.5、宽12.5厘米

这是大港沙井子出土的战国时期齐国“平舒”铜戈。

带有箭镞的人腿骨　战国

长9、宽4厘米

燕、齐、赵三国为了争夺土地和人口曾多次发生战争，今天津南部成为它们争夺的对象。这是津南巨葛庄出土的带有箭镞的人腿骨。

红陶瓮　战国

高35、腹径40厘米

除齐国外，静海鲁辛庄还出土了另具特色的红陶瓮，应为赵国所有。由此看来，天津南部当时已成为燕、齐、赵三国相争之地。

第四部分

帝国春秋——秦朝至元代的天津

秦始皇统一中国后，天津地区正式进入大一统中央集权的帝国版图。作为多民族国家历史的一部分，天津与全国大部分地区一样经历了汉唐盛世和少数民族入主中原的战乱。这一时期，天津地区经历了海河水系的形成、京师门户和漕运枢纽的确立，这些都为天津历史的进一步发展增添了动力。

秦、西汉时期的天津地区行政建制

秦朝将右北平郡治迁到今蓟县（时称无终县）城关。公元前202年，西汉建立。西汉初年，今静海、大港、津南、西青属勃海郡的东平舒和章武县管辖。海河以北分属渔阳郡的泉州、雍奴二县和右北平郡的无终县管辖。西汉初年，无终县治在今蓟县城关。当时已经形成的以城关为中心，以邦均和别山为两大集镇的格局一直延续至今。

宝坻秦城遗址　战国

宝坻境内的秦城建于战国时期，属燕国所有。后为秦国占领。图为秦城遗址。

泉州丞印—范阳丞印印模　战国

长2.2、宽2.2厘米

在宝坻秦城遗址出土的泉州丞印—范阳丞印印模。

西钓台古城

西汉时期，东平舒县的县治设在今静海县境内的西钓台。泉州县治在今武清区城上村。图为西钓台古城全貌。

彩绘陶壶、陶盒　西汉

陶壶高23、腹径24厘米，
陶盒高14、口径18厘米

蓟县小毛庄墓地出土的西汉时期的彩绘陶壶、陶盒。

陶楼　东汉

高150、宽50厘米

东汉时期，豪强地主势力强大。这是静海东滩头东汉墓出土的陶楼。

陶俑和釉陶灯　东汉

陶俑高27.5、宽12厘米，
釉陶灯高48.5、宽43.5厘米

静海东滩头东汉墓出土。

陶磨盘　东汉

直径46、高14厘米

大港太平镇出土的东汉时期陶磨盘表明粉状粮食应该是当时人们的主要食品之一。

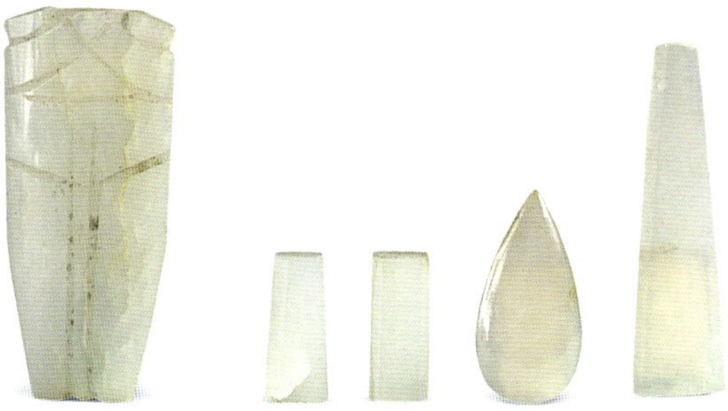

玉器和铜熏炉　东汉

玉蝉长6.8、宽3厘米

玉猪长10、宽2厘米

熏炉高20、腹径16.5厘米

除南部的静海外，北部的蓟县别山也发现了东汉墓群，并且是天津地区规模最大的东汉墓群，已发掘墓葬70余座。这是别山东汉墓群出土的一批反映庄园主生活状态的玉器和铜熏炉。

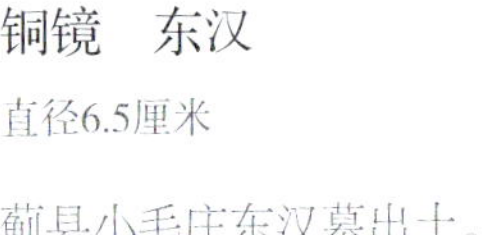

铜镜　东汉

直径6.5厘米

蓟县小毛庄东汉墓出土。

陶仓 东汉

长16、宽15、高20厘米

蓟县辛西墓出土。

陶井 东汉

高39.5、直径23.5厘米

蓟县东大屯墓出土。

蓟县七里峰祭坛石刻　东汉

长96-116、宽28-72、厚10厘米

东汉时期，人们的信仰多种多样，祭祀活动有官、民之分。官方主要有祭祀天、地和山川、日月等自然神以及祖先、社稷等，民间主要涉及求雨、禳灾、驱鬼、除疫、成仙等。这是在蓟县七里峰出土的东汉祭坛石刻。坛石上的杀牛景象表明祭祀的牺牲为牛，舞蹈形象为祭祀仪式。

石刻上刻有河南东汉时期的一个县名——宜禄（今河南郸城宜路镇），表明当时两地之间可能有较密切的人员往来。

蓟县小毛庄东汉画像石墓　东汉

在蓟县小毛庄东汉墓出土的画像石具有河南南阳风格，表明当时已有中原移民北上蓟县，并扎根于此。这一情况可能与曹操率中原兵马北征乌桓有关。

道教木牍　东汉

道教源于中国古代文化，产生于东汉末年，具有重视现实生命，较多包容性等特点。这是在蓟县东汉时期的枯井中采集到的早期道教的木牍，表明道教当时已传入今蓟县地区。

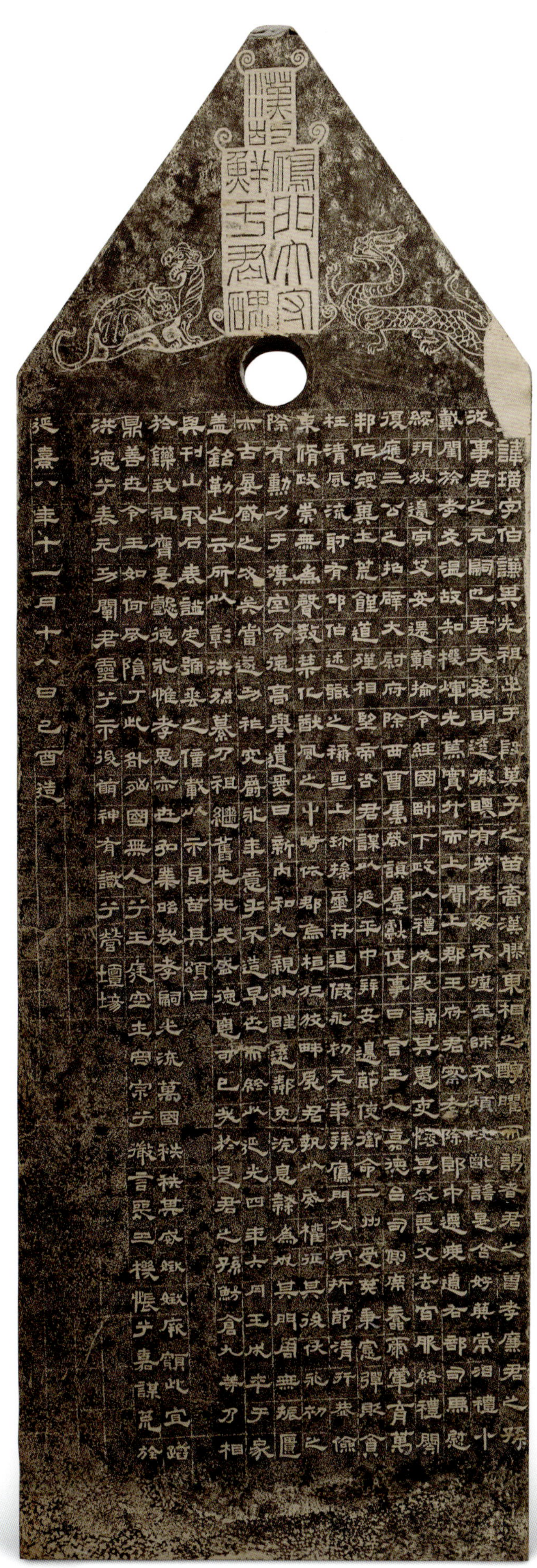

鲜于璜碑　东汉

长242、宽82、厚14厘米

天津中部的武清兰城有一处古代遗址，文化遗存的年代从战国晚期到汉魏之际。其中汉代遗存中以东汉时期最为丰富。出土的最著名的文物就是鲜于璜墓的“汉故燕门太守鲜于君碑”。碑文揭示了当时举孝廉入仕的察举制度：鲜于璜家族前后六世出现的9名官员中，有5名通过察举制度入仕。

海河水系的形成

为北征乌桓，206年，曹操组织开凿了全长约50多公里的平虏渠，即今河北青县附近到天津静海独流之间的南运河段，沟通了滹沱河（今子牙河）与泒水（今大清河）。与此同时，曹操还开凿了泉州渠与新河。这一工程沟通了海河与各支流的联系，使海河水系第一次形成。

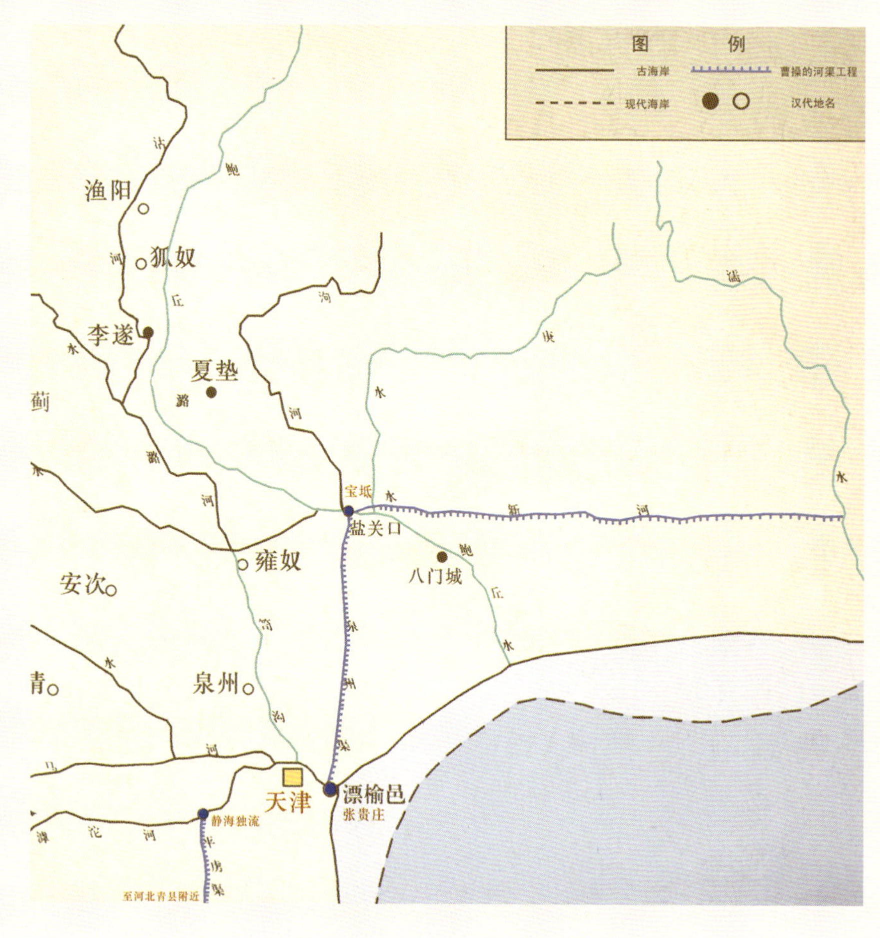

曹操与田畴

200年官渡之战后，袁绍败亡，其子袁尚、袁熙投奔盘踞柳城（今辽宁朝阳附近）的乌桓。为了彻底消灭袁绍的残余势力，统一中国北方，207年，曹操率军北伐乌桓，消灭了乌桓军队和袁军残部。曹操在北伐乌桓的途中路过无终（今蓟县）时，当地人田畴提出经偏僻小道攻其不备的建议，并任向导。曹操获胜后，封田畴为亭侯，田畴虽坚辞不受，但将其家属、亲友300余人迁往邺城（今河北临漳）。

魏晋南北朝时期天津地区的行政建制

220年，进入三国时代。天津地区属魏国管辖，今海河以南属冀州章武郡的东平舒县；海河以北地区属幽州渔阳郡雍奴、泉州二县和北平郡无终县。265年，进入西晋时期，今海河以南仍为东平舒县，属章武国。北部的雍奴、泉州二县属燕国，无终县属北平郡。316年，西晋灭亡。此后，匈奴、鲜卑、羯、氐、羌五民族，即“五胡”进入中原，建立的国家先后有一成（汉）、二赵、三秦、四燕、五凉、一夏，史称“五胡十六国”。先后统治天津地区的有辽西鲜卑段匹磾、羯族石勒的后赵、鲜卑慕容氏的前燕、氐族苻氏的前秦、鲜卑慕容氏的后燕等诸政权。

佛造像　北魏

高31、宽10.5厘米

公元前2年，佛教传入中国。最初，佛教影响不大。到两晋南北朝时期，由于统治北方的少数民族领袖接受佛教信仰，使其在中国才得到发展。正是在这一时期，佛教传入今天津地区。这是大港区窦庄子出土的鲜卑族拓跋氏北魏延兴五年（475年）的铜佛造像，也是国内已知有纪年的较大的一件北魏造像。

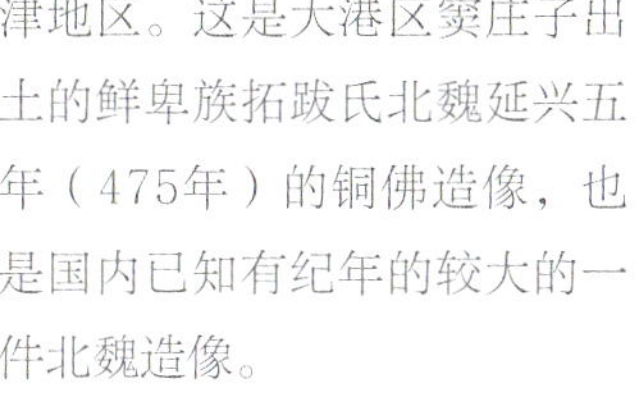

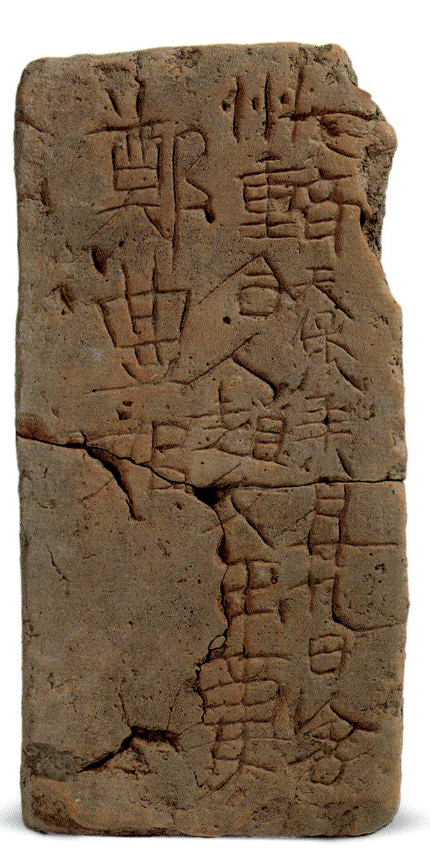

北齐天保八年（557年）刻字砖　北齐

长29、宽15、厚6厘米

439年，鲜卑族拓跋氏建立的北魏政权统一了北方。543年，北魏又分裂成东、西魏。此后，北齐代东魏，北周代西魏，北周又灭北齐，这一过程史称北朝。北朝时期，天津地区先后受北魏、东魏、北齐和北周的管辖。这是武清齐庄出土的刻有北齐天保八年（557年）字样的砖。

青釉瓷碗　隋

高8.5、口径14厘米

581年，北周为隋代替。隋朝时期，海河以南属河间郡鲁城县、平舒县管辖，海河以北属涿郡雍奴县和渔阳郡无终县管辖。其中，渔阳郡治即无终（今蓟县）。这是大港窦庄子隋墓出土的青釉瓷碗。大港区隋代时属河间郡鲁城县。

青釉瓷钵　隋

高9、口径18.5厘米

608年，隋炀帝征调百余万人开挖南起河南武陟，北达涿郡（今北京）的大运河北段永济渠。虽然永济渠不经今天津市区但却使海河水系再次形成，并保持稳定。这是永济渠沿岸附近今静海县张村出土的隋代青釉瓷钵。

绿釉陶钵　唐

高13、口径29厘米

618年，唐朝建立。唐朝时期，海河南北曾属沧州乾符县、景州、瀛州平舒县、鲁城县和幽州雍奴县，后改称武清县、蓟州渔阳县（今蓟县）等管辖。其中，蓟州治在渔阳。这是宝坻区西辛庄唐代遗址出土的绿釉陶钵。宝坻区在唐代先属雍奴县，后改称武清县管辖。

三会海口

唐朝政府将南方的粮食通过海路运抵位于军粮城的“三会海口”（三条河流汇合一起入海处），再通过姜师度利用原泉州渠开凿的平虏渠与鲍丘水（今蓟运河）连通，溯达蓟州城南。海河口首次成为海运的转输基地。

塔形罐　唐

高39、底径23厘米

唐代的蓟县是蓟州治所在地，称渔阳县，战略地位十分重要。除城内驻扎静塞军外，蓟州北部还驻有雄武军。这是蓟县城关白马泉出土的唐代塔形罐。

三彩罐、人面蛇身俑、人面鱼身俑和陶胡人俑　唐

三彩罐高14、腹径18.3厘米

人面蛇身俑长19.5、高11厘米

人面鱼身俑长26、高10.5厘米

陶胡人俑高17、宽10厘米

东丽军粮城出土。

白瓷碗和铜镜　唐

白瓷碗口径14.5、高3.5厘米

铜镜直径20厘米

蓟县东大井唐代墓葬出土。

『渔阳鼙鼓动地来』

755年，身兼平卢、河东、范阳三镇节度使的安禄山起兵反唐。此后，另一任范阳节度使史思明再起兵叛唐。这两次叛乱史称『安史之乱』。由于渔阳曾是安禄山的重要军事基地，所以唐代大诗人白居易有『渔阳鼙鼓动地来』的诗句。

宋、辽时期的天津地区

916年辽太祖耶律亿（夷离堇耶律阿保机）称帝建契丹国。947年，辽太宗耶律德光灭后晋，始定国号为辽。960年，北宋建立。今海河在宋、辽时期为界河，以北属辽析津府（初称幽都府）的武清县、香河县和渔阳县管辖，以南属北宋河北东路分设的高阳关路（路治河间府）乾宁军和沧州的清池县。

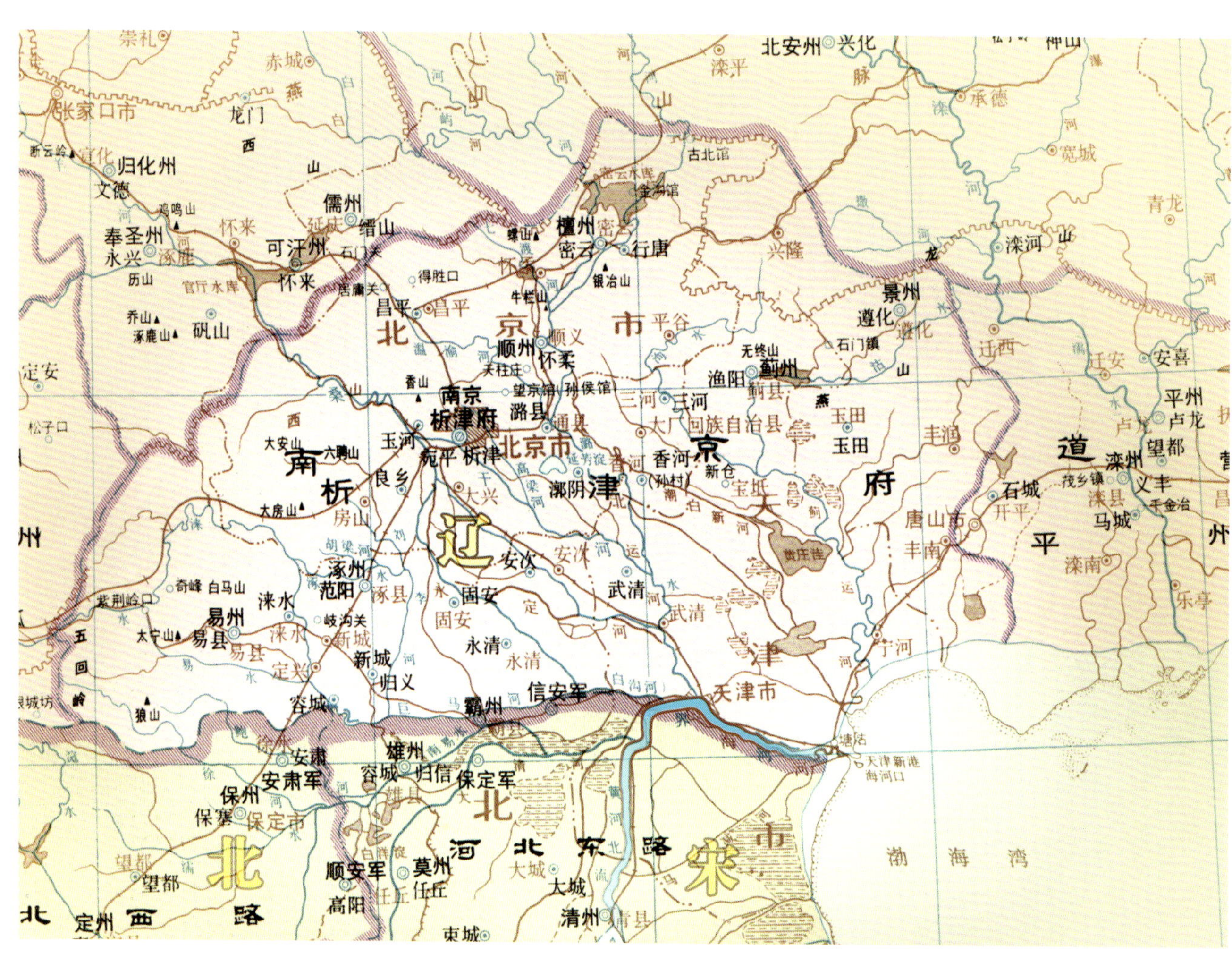

天津宋代边寨

位于今静海、西青和津南的宋代边寨有钓台、独流、当城、小南河、三女、双港、泥沽等。与此同时，宋朝还修建了一条“水长城”，以限制契丹骑兵的肆虐，这就是塘泺工程。

瓷枕、青釉双系瓷罐和白釉葵口碗　宋

瓷枕长26、宽13、高13厘米
青釉双系瓷罐高8、腹径30厘米
白釉葵口碗高9、口径23厘米

静海西钓台出土。

白釉瓷碗和青釉双系盘口壶　宋

白釉瓷碗高5、口径20厘米
青釉双系盘口壶高17.5、腹径10.82厘米

静海县东滩头出土。

金顶石幢　辽

辽代的宝坻城关是南京（今北京）的水上门户，水运繁忙，商业昌盛。图为见证了宝坻盛景的城区十字街口的“金顶石幢”。

铜洗、铜壶、莲花口铜盘、铜钵　辽

铜洗高5.5、口径19厘米

铜壶高13.5、直径15.5厘米

莲花口铜盘高2.5、口径17厘米

铜钵高6.5、口径18.5厘米

为了管理汉民，契丹统治者采取了“胡、汉分治”、“以汉治汉”的策略。早期南京（今北京）的最高行政长官多由汉人担任。这是南京水上门户宝坻大千佛顶遗址出土的辽代文物。

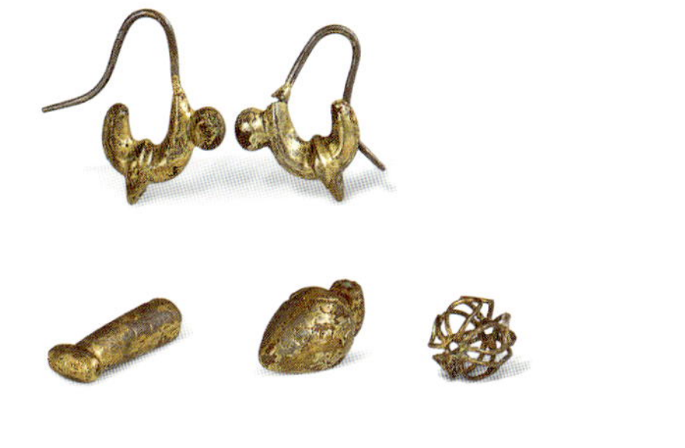

鸡冠壶、鎏金铜指套、鎏金铜耳环、
鎏金铜耳坠、白釉刻花莲花瓣碗和执壶　辽

鸡冠壶高21.5、宽13.7厘米
鎏金铜指套长3.5、宽2.5、直径2.5厘米
鎏金铜耳环宽4.5厘米
鎏金铜耳坠长3.5厘米
白釉刻花莲花瓣碗高8.5、口径15.5厘米
白釉刻花莲花瓣执壶高19、腹径17厘米

936年，蓟州并入辽后，契丹人纷纷迁入，特别是辽圣宗在位期间（983-1031年）实行改革，奖励开垦荒地，生产日益发展，人口逐渐增加。这是蓟县官庄乡营房村契丹人墓出土的典型契丹文物。

白釉瓷盂　宋

高14.5、口径20.5厘米

由于蓟州经济发展，社会稳定，很多宋境内的人纷纷前来谋生。这是蓟县营房村出土的带有宋文化特色的白釉瓷盂。

赵氏夫人墓志　辽

边长51.5、厚11.5厘米

宋辽对峙导致南北阻隔，使一些家庭骨肉分离。武清区李佬村出土的这块辽应历十四年（964年）的赵氏夫人墓志，就记述了家庭分离的情况：赵氏家住燕京（今北京），而长子在真定府（治所在今河北正定），长女、次子和次女在钧州（今湖北均县），长孙在儒州缙山县（今北京延庆），次孙在定州（今河北定州）。丈夫随长子居住，死后难返故园，一家人终不得团聚。

蓟县天成寺塔、福山塔

辽代佛教盛行，天津市域内现在能追溯到的辽代佛教寺院共有19处、塔7处。除独乐寺为木结构外，其余皆为砖石建筑，如白塔、天成寺塔、福山塔，它们代表了中国佛塔的三个类型，是中国最流行的三种佛塔形式。图为天成寺塔（左）和福山塔。

独乐寺

独乐寺初建于隋（一说唐）。984年，韩匡嗣重建独乐寺。修建工程尚未竣工，韩匡嗣即去世，其子韩德让续完。图为位于蓟县的独乐寺，它是第一批全国重点文物保护单位。

独乐寺塔

作为独乐寺重要组成部分的独乐寺塔重建于辽统和年间（983-1012年），1058年大修。

玻璃瓶　辽

高26.4、口径7.8、底径11.5厘米

独乐寺塔上层塔室出土的这件辽代刻花玻璃瓶为钠钙玻璃（中国古代多为铅钡玻璃），与一般伊斯兰玻璃成份相似。它的器型和刻花纹饰都与伊朗德黑兰考古博物馆现存的10世纪水瓶相似，应为伊斯兰玻璃器，是中国与中亚文化交流的重要物证。

独乐寺塔上层塔室出土文物　辽

水晶龟长5.5、宽3厘米
水晶海螺长4.5、宽2厘米
水晶罐高3、腹径3厘米
璎珞串珠周长136厘米
玉碗高3.5、口径6厘米
白釉瓷碟口径11.5、高3.5厘米
青釉瓷碟高3、口径12.5厘米

千像寺石刻群

辽代千像寺造像群位于今蓟县官庄镇联合村北，分布在0.4平方公里内。目前已在124处地点发现535尊线刻造像。现为全国重点文物保护单位。

白釉瓷碗、青釉盘　金

白釉瓷碗高7.5、口径21厘米
青釉盘高4、口径14.3厘米

1125年，金灭辽；1127年，金又灭北宋，天津地区全部纳入金朝版图。海河以北属中都路大兴府的宝坻、武清县和蓟州的渔阳县，以南属河北东路的靖海（今静海）、会川和清池县。这是天津地区出土的金代瓷器。

金章宗改凿运渠——天津河（北运河）的出现

金王朝最初利用永济渠旧道将漕粮运往中都。后永济渠旧道逐渐淤塞，且难于疏浚。为此，金章宗于1205年改凿永济渠北段，使其经天津三岔河口北流。改凿后的永济渠到今静海独流后不再西行霸州，而是东折经杨柳青至天津三岔河口，再流向通州。由三岔河口至通州的运河在金代曾被称作天津河。此后，三岔河口成为首都的漕运枢纽。

彩瓷观音造像　金

高32、宽20厘米

这是在天津河附近今武清区齐庄出土的金代彩瓷观音造像。考古发掘表明，这一地点金元以前为墓地，金元时期变为规模较大的生活区，应该与天津河的开凿、维护有关。

直沽寨

完顏佐本姓梁氏初爲武清縣巡檢完顏齩住本姓李氏爲柳口鎮巡檢久之以佐爲都統齩住副之戍直沽寨貞祐二年乣軍遣張暉等三人來招佐佐執之翌日劉永昌率衆二十人持文書來署其年日天賜佐擲之麾衆執永昌及暉等併斬之宣宗嘉其功遷佐奉國上

《金史·完颜佐传》记：完颜佐等“戍直沽寨”。为了保护漕运枢纽，金政府于1214年前在天津地区设置了军事组织“直沽寨”，由都统镇守，它是天津留名青史之始。

白釉瓷碗　金

高8.5、口径24厘米

金代的渔阳县（今蓟县）是中都路蓟州州治所在地，也是保卫中都的战略要地。金代皇帝曾来此打猎，游览盘山。这是蓟县鼓楼南大街出土的金代白釉瓷碗。

青釉高足瓷杯、酱釉高足瓷杯和青釉瓷碗　元

青釉高足瓷杯高12.5、口径12厘米
酱釉高足瓷杯高9、口径12厘米
青釉瓷碗高8–9、口径16–19厘米

1234年，蒙古军灭亡金朝。1260年，元朝建立。与金代相比，元代天津的行政建制变化不大，海河以北仍分属武清、宝坻和渔阳，以南分属靖海、会川和清池县。这是蓟县出土的元代青釉高足杯、酱釉高足杯和青釉瓷碗。

白釉黑花盘　元

高2.5、口径14.5厘米

1316年，元朝将直沽寨改为海津镇。这是天津地区出土的元代白釉黑花盘。

元代天津漕运

漕运是指中国历代封建王朝将征自田赋的部分粮食运往京师或其他指定地点的运输方式，有河运、水陆递运和海运三种。运送粮食的目的是供宫廷消费、百官俸禄、军饷支付和民食调剂。这种粮食称漕粮。元代初年供给大都（今北京）的粮食为水陆联运。1282年（一说1281年）后，海运漕粮逐渐增加。前后三次开辟的海运路线均起自刘家港（今江苏太仓浏河），至大沽口转经海河干流，再沿北运河北上。海运航线南北不过5000里，往返不过20日。元代海运漕粮一般为每年100余万石，曾有多年在300万石左右，1329年达到352万石。每年分春、秋两季北上。元代有漕船900余艘，负责运输的运军约2万人，最多时达4.2万人。

河西务十四仓出土铜、铁权、白釉褐彩四系瓷罐、瓷狮子

大定二年铜权直径5、高10厘米

大德六年铜权直径3.5、高11厘米

大定四年或皇用铜权直径5、高10.5厘米

大都路造铜权直径5、高11厘米

南京铜权直径3.5、高8厘米

白釉褐彩四系瓷罐高25、腹径11厘米

瓷狮子高15.5、宽8厘米

为了储运漕粮，1279年元政府在天津设立广通仓，它是天津历史上的第一座国家粮库；又在北运河畔的武清河西务建立永备南仓、永备北仓、广盈南仓、广盈北仓、充溢仓、崇牖仓、大盈仓、大京仓、大稔仓、足用仓、丰储仓、丰积仓、恒足仓、既备仓共14个粮仓，它是大都外围最大的仓储基地。这是十四仓遗址出土的元代文物。

元代天津盐场

1286，元朝在渤海西岸设置了22个盐场，其中兴国、富国、丰财、三岔沽盐场（一说6处）在今天津地区。

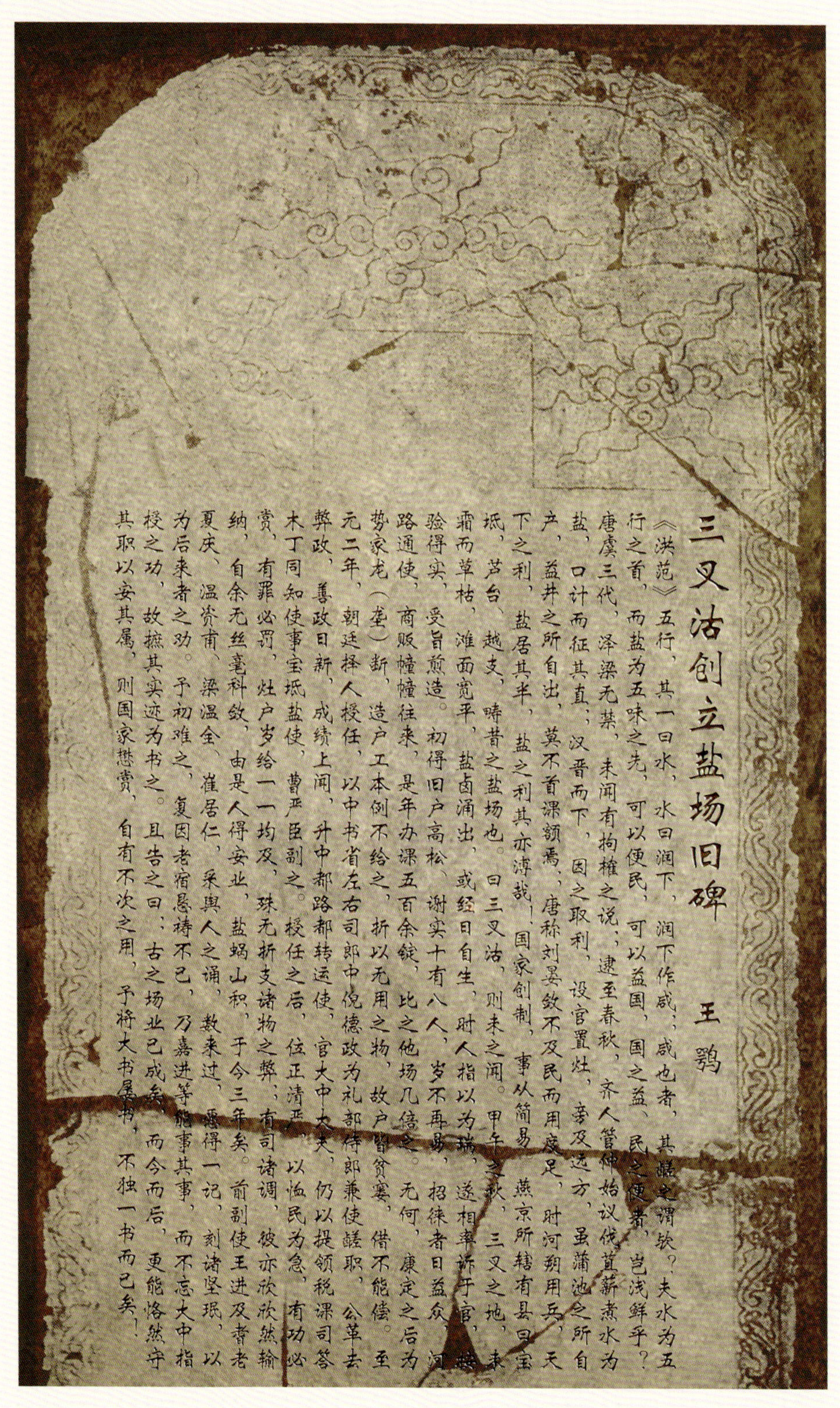

三叉沽创立盐场旧碑

王鹗

《洪范》五行，其一曰水，水曰润下，润下作咸；咸也者，其鹾之谓欤？夫水为五行之首，而盐为五味之先，可以便民，可以益国，国之益、民之便者，岂浅鲜乎？唐虞三代，泽梁无禁，未闻有拘榷之说；逮至春秋，齐人管仲始议伐菹薪煮水为盐，口计而征其直；汉晋而下，因之取利，设官置灶，旁及远方，虽蒲池之所自产，盐井之所自出，莫不首课额焉，唐称刘晏致不及民而用度足，时河朔用兵，天下之利，盐居其半，盐之利其亦溥哉！国家创制，事从简易，燕京所辖有县曰宝坻，芦台、越支，畴昔之盐场也。曰三叉沽，则未之闻。甲午之秋，三叉之地，未霜而草枯，潍面宽平，盐卤涌出，或经日自生，时人指以为瑞，遂相率诉于官，[illegible]验得实，受旨煎造。初得旧户高松、谢实十有八人，岁不再易，招徕者日益众，河路通使，商贩幢幢往来，是年办课五百余锭，比之他场几倍之。无何，康定之后为势家龙（垄）断，造户工本例不给之，折以无用之物，故户皆贫窭，借不能偿。至元二年，朝廷择人授任，以中书省左右司郎中倪德政为礼部侍郎兼使鹾职，公革去弊政，善政日新，成绩上闻，升中都路都转运使，官大中大夫，仍以提领税课司答木丁同知使事宝坻盐使，曹严臣副之。授任之后，位正清严，以恤民为急，有功必赏，有罪必罚，灶户岁给一一均及，殊无折支诸物之弊；有司诸调，彼亦欣欣然输纳，自余无丝毫科敛，由是人得安业，盐蜗山积，于今三年矣。前副使王进及耆老夏庆、温资甫、梁温全、崔居仁，采舆人之诵，数来过，愿得一记，刻诸坚珉，以为后来者之劝。予初难之，复因老宿恳祷不已，乃嘉进等能事其事，而不忘大中指授之功，故摭其实迹为书之。且告之曰：古之场业已成矣，而今而后，更能恪然守其职以安其属，则国家懋赏，自有不次之用，予将大书屡书，不独一书而已矣！

大直沽天妃宫遗址

元代的大直沽是繁忙的漕运码头，设有为漕运服务的接运厅、临清万户府、天妃宫等。这是大直沽天妃宫遗址，现为全国重点文物保护单位。

三岔口天妃宫

元代在三岔河口地区也兴建了一座天妃宫，俗称西庙。后经重建、修复。

第五部分

城市时代——明清时期的天津

永乐二年（1404 年 12 月 -1405 年 1 月），明王朝在海河与南、北运河交汇处的三岔河口地区设卫筑城，天津历史进入城市时代。永乐皇帝为这座新城赐名“天津”。随着漕运、盐业及商品流通的发达，文化教育的兴盛，经过三百多年的变迁，到 1731 年（清雍正九年）设府，天津由一个军事卫所成长为一座中等规模的城市。经过进一步发展，到 1850 年前后，天津成为仅次于首都北京的中国北方第二大城市。

天津卫城

明代天津卫城呈矩形，面积约1.64平方公里，城墙周长9里13步，高3丈5尺，开设4个城门。天津卫署旧址位于鼓楼西，后来成为天津镇总兵官署——镇台衙门。为了守卫天津城，1639年（明崇祯十二年），明朝政府环绕天津卫城修筑了七个炮台，安设火炮等武器，史称“七台环象”。

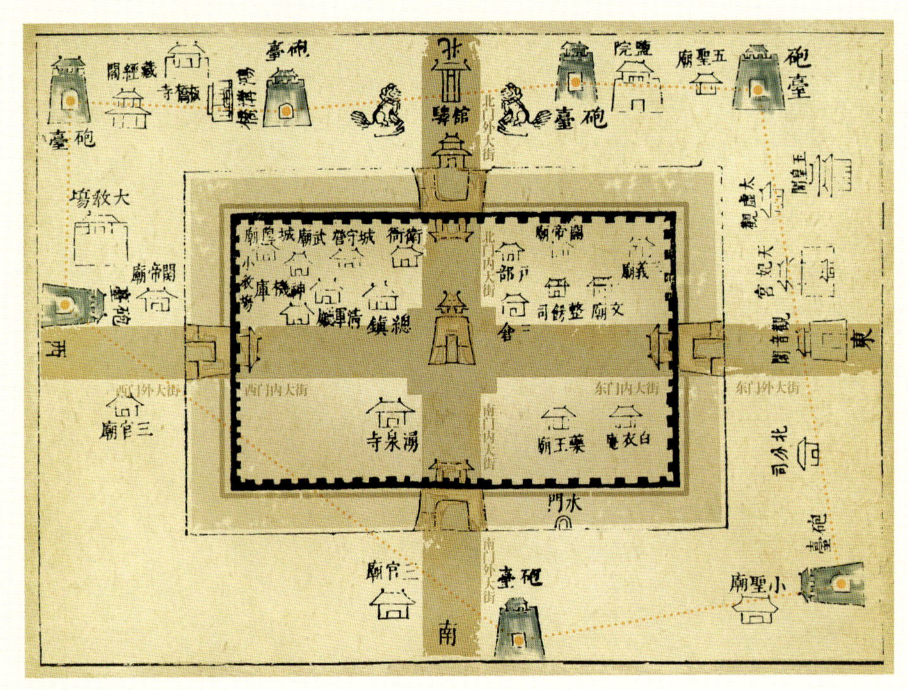

天津城城砖　明

长40、宽20、厚9.5厘米

1404年12月23日，明王朝设立军事组织天津卫；1405年1月9日，设天津左卫；1406年12月18日，设天津右卫。在设立三卫的同时，开始修筑天津城。最初为土城，后加砖。这是明代的城砖。

铁炮　明

长245、直径34厘米

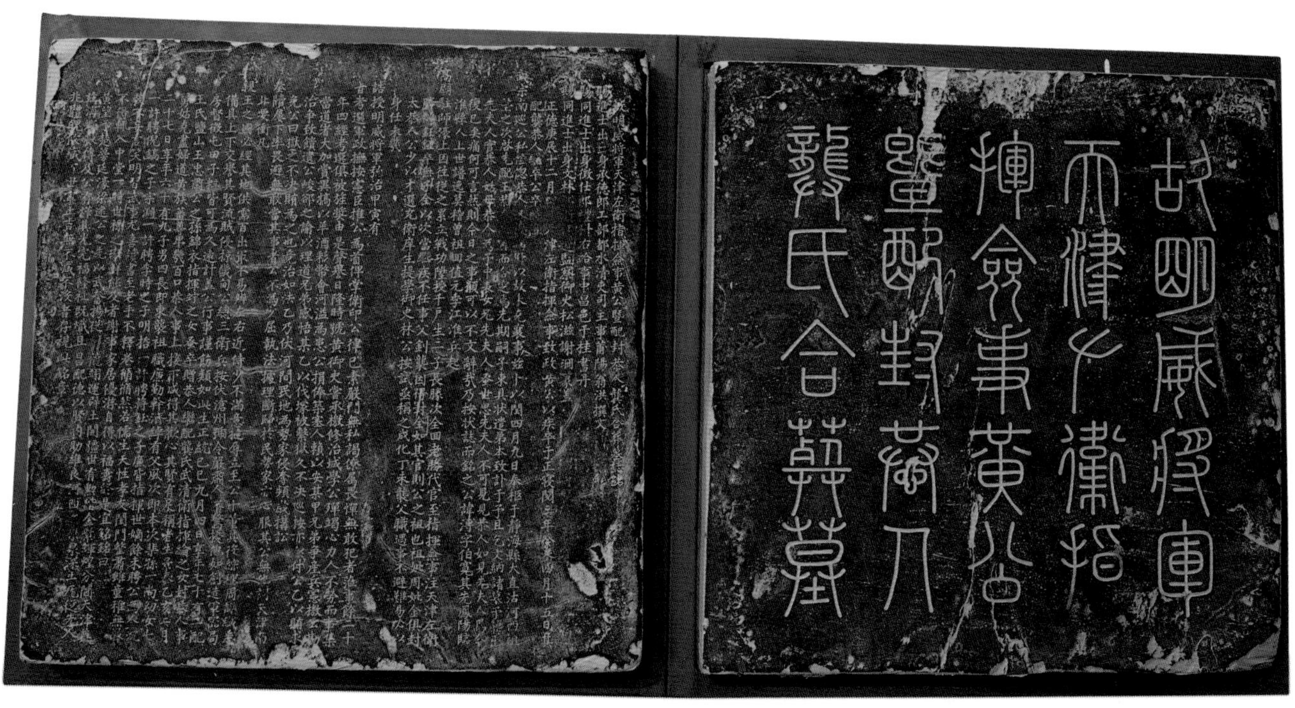

黄溥墓志　明

长63、宽63、厚8厘米

每卫应有官兵5600人，三卫共应有官兵16800人。卫的最高指挥官是指挥使，其次为指挥同知和指挥佥事。这是明代天津左卫指挥佥事黄溥（1449-1520年）的墓志。

重修天津三官庙记碑　明

长245、宽83、厚22厘米

1398年，明朝开国皇帝朱元璋去世，其孙朱允炆继位。为了夺取朱允炆的帝位，1399年，朱元璋四子朱棣（1360-1424年）在北平（今北京）起兵南下。1402年，朱棣攻下南京，继皇帝位，史称明成祖。次年改元"永乐"。朱棣令人在三岔河口一带设卫筑城，并将其命名为"天津"，意即"天子经过的渡口"。这是1550年（明嘉靖二十九年）刻的《重修天津三官庙记》，记述了"天津"一名的由来。

鼓楼

建于明朝弘治年间（1488–1505）的鼓楼，位于天津卫城中心，四面穿心门洞分别直对四个城门，形成四条平面呈十字形的大街。高10余米的鼓楼后经多次修建。

鼓楼大钟　明

高228、直径140厘米

鼓楼上悬大钟，早、晚各撞54下，城门开关以钟声为准。道光年间（1821-1850年）天津诗人梅宝璐曾撰联："高敞快登临，看七十二沽往来帆影；繁华谁唤醒，听一百八杵早晚钟声"。这是当年鼓楼上的大钟。

鼓楼石匾

长95、宽47、厚25厘米

鼓楼的东、西、南、北设有四门，门上各镶嵌一块石匾，分别为：镇东、安西、定南、拱北。这是1921年重修后鼓楼北门洞的"拱北"石匾。

戚继光与天津蓟县境内的明长城

戚继光（1528–1588年），字元敬，号南塘。山东登州（今蓬莱）人。明朝著名军事家。1568年，戚继光总理蓟州（今蓟县）等地练兵事务，后任总兵官。他在蓟州16年，加固长城，筑建墩台，整顿屯田，训练军队，形成了墙、台、堑密切联系的防御体系，多次击退侵扰之敌。天津地区的长城始建于1476年，经过不断增修，明朝灭亡前形成了完整的防御体系。天津地区的明代长城长约40.28公里。

“北塘双垒”

为防倭寇侵扰，明朝政府于嘉靖年间在北塘蓟运河入海口的南北两岸，各建炮台一座，它们是天津地区最早的海防设施，史称“北塘双垒”。

撤卫设府

1644年，清朝建立。1652年，清政府将天津三卫合一，称天津卫。1725年（清雍正三年），雍正皇帝批准将天津卫改为天津州，旋又升为直隶州；1731年（清雍正九年），又批准将天津升为府。天津府辖天津、静海、青县、沧州、南皮、盐山、庆云1州6县。过去设于河间府的海防同知也改属天津府。

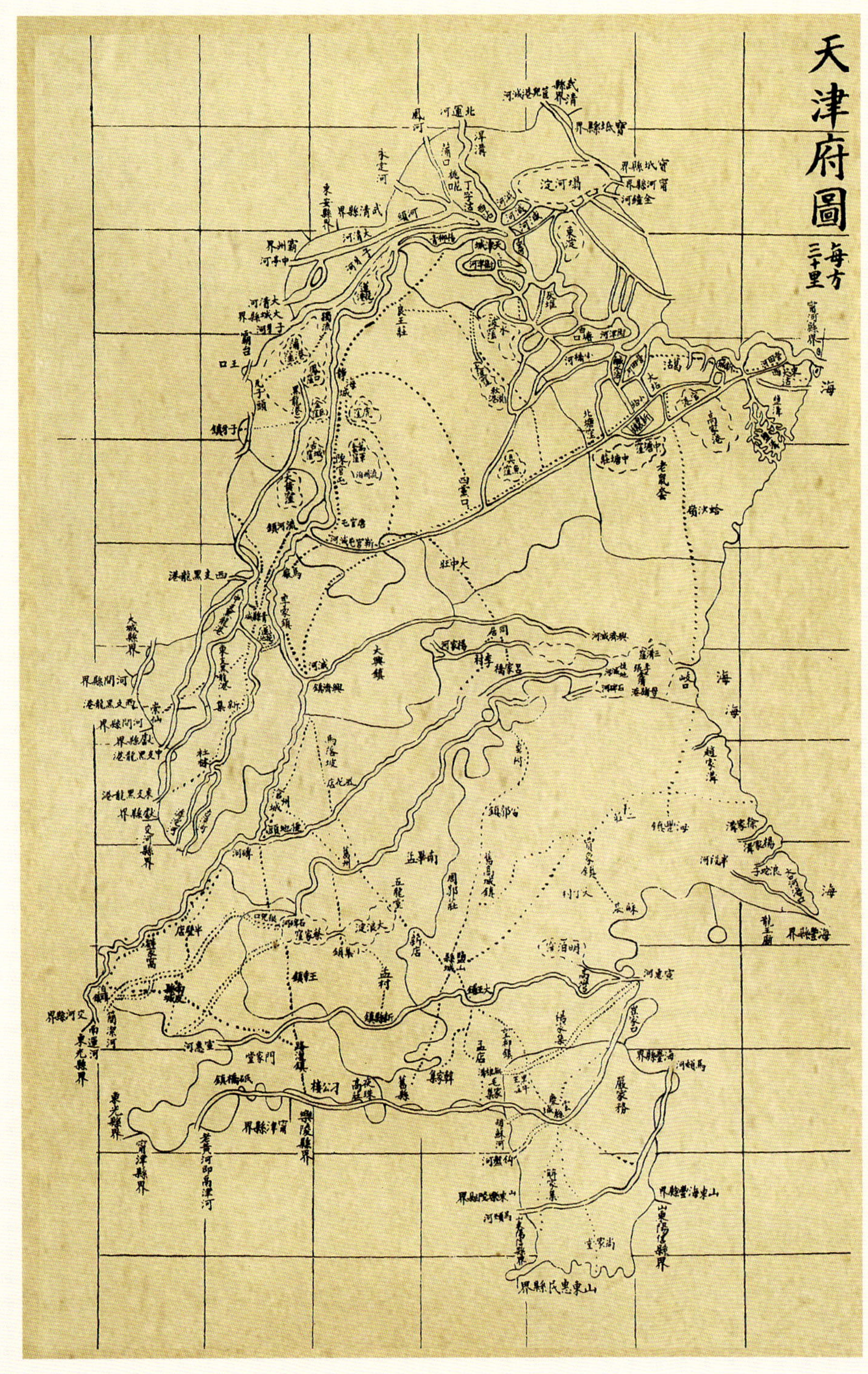

城砖　清

长51、宽25.5、厚13.5厘米

1725年，天津大水，城墙几毁。盐商安尚义、安岐父子捐款重修天津城。重建后的天津城墙周长1626丈6尺（9里2分），东西长504丈（2里8分），南北长315丈（1里8分），高2丈4尺。城内人口约有95300余人（1846年）。这是清代早期的天津城砖。

清代的天津城内街道

到1860年天津开埠前，今天津市区内共建有街道54条，形成里巷485条。图为清代的天津城内街道。

明清天津漕运

明代初年，漕粮以海运为主，河、陆兼运为辅。1415年，横贯南北的大运河全线贯通后开始内河运粮。1421年迁都北京后天津重新成为供给首都漕粮的转运枢纽。清代漕粮仍经运河，直到19世纪50年代。清代大运河全长1761公里（另说：1699公里，乾隆年间1834.6公里，民国年间1782公里），其中，江南运河长320公里；江北运河长1441公里。明代在江苏、安徽、浙江、江西、湖南、湖北六省的部分地区征收漕粮；清代漕粮来自山东、河南、江苏、安徽、浙江、江西、湖南、湖北八省。明清两代年漕运量一般在400万石左右，明代最高达674万石（清代商场惯例1石为140斤）。明代漕运每年四次，天顺年（1457–1464年）后，有漕船11770艘，成立了专门运量的部队——运军，有官兵12万人。清代康熙（1662–1722年）以前全国漕船总计10455只，雍正（1723–1735年）以后，漕船数多为6000多余只。清代常设运丁144500余人。清代江西、湖南、湖北三省的漕船叫江广船，江南、浙江的漕船叫江浙船，山东、河南的漕船叫浅船。江广船最大；江浙船次之；浅船最小。康熙年间，各省船只以装米400石为准。1724年（雍正二年），江广船、江浙船实际容积都在1000石以上。明代永乐年间（1403–1424），天津城外除设有“百万仓”外，城内还建有粮仓。宣德年间（1426–1435）增建了22个仓廒，总计110间仓房，粮食储存方式由室外改为室内。1724年，清廷在今天津北仓兴建仓廒48座，有仓房240间，占地20多万平方米，可存粮40万石。这是漕船仓廒模型。

京杭大运河

京杭大运河以山东南旺地势最高，水势由此向南北分流。北运河水势由西北向东南流，即流向天津。为了保持河水深度，以便航行，运河上修筑了许多坝堰和船闸。

铁锚　清

长350、头宽180厘米

1684年海禁开放后，来自广东、福建、浙江、江苏的海船可直达天津。其中，闽粤商船队规模最大，带来了大量洋广杂货。与此同时，天津往返辽东运粮的海船也日渐增多。到嘉庆（1796-1820年）、道光年间（1821-1850年），两地运量增至一百万石以上，沿海以搬运粮石为生者不下数万人。这是清代海船上的铁锚，出自海河。

土宜

清代天津诗人崔旭《竹枝词》曰："百宝都从海舶来，玻璃大镜比门排，荷兰琐伏西番锦，怪怪奇奇洋货街。"漕运的意义不仅在于粮食运销，更重要的是促进了南北地区的商品流通。明、清两代都规定，运丁可免税携带适量的商货，叫做"土宜"。免税土宜、税内和走私商品相加，每年的商品流通量可能达到800万-900万石，超过漕粮运量。天津市场上，由南方输入的商品主要包括：福建的糖、鱼翅、橘饼、胡椒、鞭杆、粗碗等；广东的糖、洋碗、苏木、烟草、茶叶、翎羽、名贵木材、各种香料、独门药品、药酒、铁锅、毛边纸、象牙雕刻、白铜烟筒器具、锡制热碗与酒壶等；江西的瓷器；江浙的茶、布、姜、果、粮米、毛竹、长屏纸、明矾、杉木、绍酒、锡箔等。从北方带回的商品主要包括：药材，核桃、红枣、黑枣、瓜子、杏仁、豆麦等。图为大红桥附近子牙河内的船只。

明代天津城集市

粮道终成商路，漕船即为商船。这种变化使天津向着商品集散地和消费市场迈进。早在明朝宣德年（1426-1435年）后，天津城内中心和四个城门附近就出现了集市。到弘治六年（1493年）又添设五集一市，达到了每天有集有市的程度。明代天津城集市有：宝泉集（鼓楼），仁厚集（东门内），货泉集（南门内），富有集（西门内），大道集（北门内），通济集（东门外），丰乐集（北门外），恒足集（北门外西），永乐集（张官屯，今城西北角），宫前集（天后宫前），安西市（西门外）。

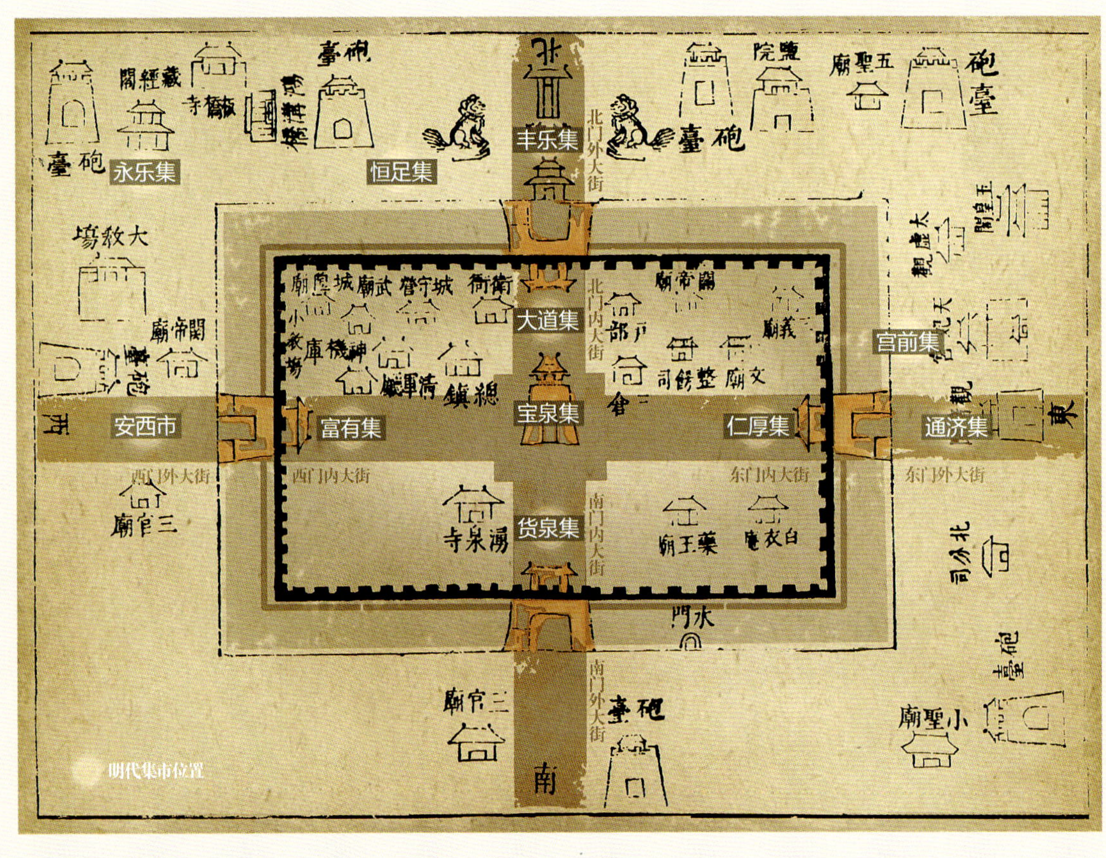

明代集市位置

天启通宝、嘉靖通宝、隆庆通宝、万历通宝、崇祯通宝　明

直径2.3–5厘米

繁荣的天津经济为明朝政府提供了丰厚的赋税。万历年间，为修建宫殿，政府增加了10余种税，其中“天津店租”位居增税之首。这是明朝的货币。

荷兰使团绘制的清初天津图景

到了明末清初，天津虽“名曰为卫，实则即一大都会所莫能过也”。这是1656年7月，途经天津的荷兰使团绘制的天津图景，他们认为天津是中国三个主要港口之一。

估衣街

到了清代乾隆年间（1736-1795年）天津栈房林立、街市纵横，城市经济蓬勃发展。特别是出现了一大批专业市场，如绸缎店云集的估衣街、专营日用杂货的河北大街以及针市街、锅店街、粮店街、洋货街等。图为估衣街。

烟店招牌　清

纵67、横38、厚3厘米

油盐店幌子　清末

纵48、横24、厚2.5厘米

酱园幌子　清

纵55.5、横25、厚2.5厘米

靴鞋店幌子　清

纵50、横35、厚2.5厘米

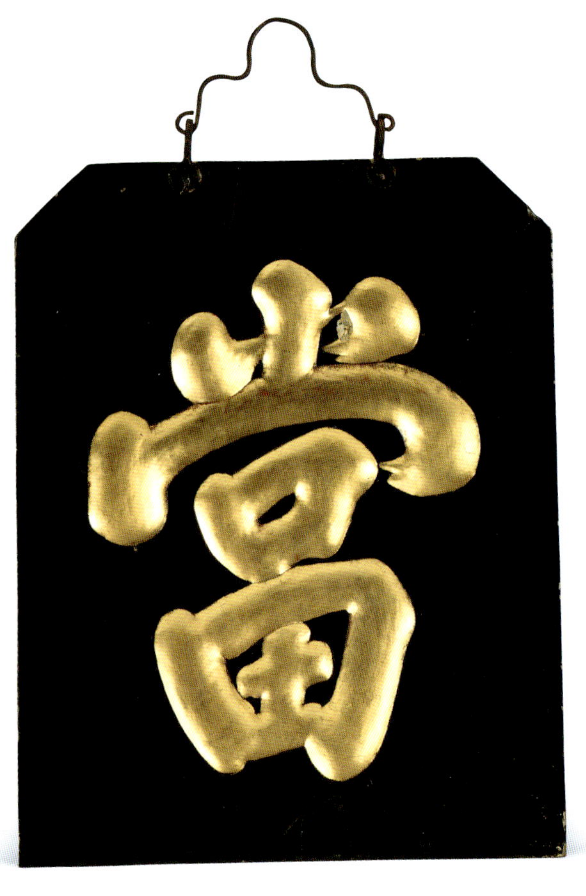

当铺招牌　清

纵50、横37.5、厚3厘米

达仁堂的算盘

长306、宽20厘米

这是天津估衣街达仁堂药店的算盘，有117位，售货员可以随时或多人同时核算，反映了店铺的规模和商业的繁荣。

清代天津商贩

据《津门保甲图说》统计，当时天津城厢总户数的半数以上都是商户。

闽粤会馆　清

繁荣的天津经济吸引了各地商人前来经营。为了联络乡谊，维护自身利益，他们在天津建立了一批会馆。这是1739年（清乾隆四年）设立的天津最早的商人会馆——闽粤会馆。

怀庆会馆的木匾

长230、宽80厘米

咸丰通宝、道光通宝、嘉庆通宝、乾隆通宝、光绪通宝　清

直径2.3–4厘米

随着天津成为商品集散地，为了收取更多的税收清政府于1662年将钞关从河西务移至天津北门外，更名为天津钞关。当时的税额本为值百抽三，为了鼓励南货北运，清政府规定对南货减半征收。这是清代的货币。

塘沽盐场

除漕运、商业外，盐业是明清时期天津城市经济的另一支柱，它包括生产、运销与管理。明代天津的盐业生产由设在沧州长芦镇的都转运使司管理，故称“长芦盐”。后随着长芦盐业的发展，加之内河畅通，天津逐渐成为长芦盐的产销中心。1668年（康熙七年）长芦盐的最高管理机构长芦巡盐御史衙门由北京移驻天津；1677年（康熙十六年）长芦盐运使署也由沧州迁入天津城内鼓楼东街。1900年盐运使署被八国联军焚毁，后在鼓楼北大街天津县署旧址改建新的盐运使署。当时，天津地区的芦台、三汊沽、丰财三个盐场年产量约占全国的10%左右。清代长芦盐税每年占全国盐税的11%，占全国财政收入的1%以上。

清末长芦盐区丰财场（今塘沽盐场）的提水风车

天津盐坨

长芦盐运使署

盐坨

大沽附近的盐山

天津盐业生产一直延续到近代，图为大沽附近堆积如山的原盐。

徐光启与《农政全书》

明清时期，天津的屯田也得到了一定程度的发展，特别是明朝著名科学家徐光启（1562–1633）从1613–1621年间曾四次来到天津，垦田数千亩，进行南粮北种的试验，并获得成功。在天津期间，徐光启积累了丰富资料，起草了《农政全书》的部分纲目。《农政全书》是一部集我国古代农业科学之大成的学术著作。

農政全書 總目 十二
救荒本草十三 果部○實可食十四種 葉及實皆可食五種 根可食二種 根及實皆可食二種 菜部○葉可食十四種
卷之五十九
荒政
救荒本草十四 菜部○葉可食十九種 根可食二種 根葉皆可食四種 葉及實皆可食五種 根及實皆可食一種
卷之六十
荒政
野菜譜 六十種
目終

農政全書卷之一
明 上海徐光啓原本
東陽張國維 穀城方岳貢 原刻
上海太原氏重刊
農本
經史典故
神農氏曰炎帝以火名官斲木爲耜揉木爲耒耒耨
之用以教萬人始教耕故號神農氏白虎通云古之
人民皆食禽獸肉至於神農用天之時分地之利制
耒耜教民農作神而化之使民宜之故謂之神農典

農政全書 卷之一 農本 一

渔民

天津水域广阔，以捕鱼为业者多有人在。图为清末和民国年间的渔民。

文庙大殿　清

1436年（明正统元年），天津地方学校——卫学在东门内（今南开区文庙内）建立，后升为府学，增建县学。卫学的建立标志着天津教育事业的开端。图为文庙内的大殿。

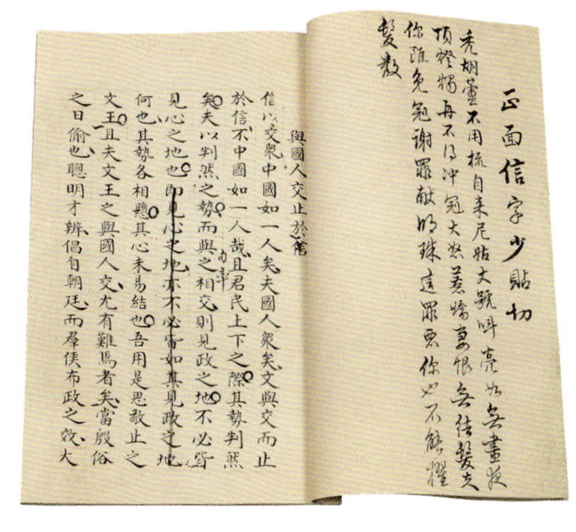

正面信字少貼切

與國人交止於信

信以交衆中國如一人矣夫國人衆矣文與交而止於信不中國如一人哉且君民上下之際其勢判然知夫以判然之勢而與之相交則見政之地不必皆見心之地也即見心之地亦不必皆如其見政之地何也其勢各相懸其心未易結也吾用是思敬止之文王且夫文王之與國人交尤有難焉者矣當殷俗之日偷也聰明才辨倡自朝廷而羣侯布政之效大

三取书院课艺　清

书院是中国古代重要的教育设施。在清代，天津共有书院15座。建于1719年（康熙五十八年）的三取书院，坐落在三岔河口东岸，是天津第一所培养科举人才的书院。这是三取书院的课艺。

问津书院木匾　清

长208、宽70、厚9厘米

1752年（清乾隆十七年），位于城内鼓楼南的问津书院落成，它是天津影响最大的书院。

吴廷华、汪沆、厉鹗、杭世骏、朱岷在水西庄

1723年（雍正元年），盐商查日乾与其子查为仁等开始在城西南运河畔兴建水西庄，并于此园内和吴廷华、汪沆、厉鹗、杭世骏、朱岷等名流才俊，吟诗作画、著书立说。

秋庄夜雨读书图　清

纵31、横82厘米

原籍武进、长居水西庄的朱岷工隶书，善画竹石花木，这是他画的秋庄夜雨读书图。

水西庄图卷 清

纵32厘米,横97厘米

藏书万卷、文人荟萃的水西庄与扬州小玲珑山庄、杭州小山堂并称为清代三大私家园林，对天津文化产生了很大影响。这是1831年陈靖等绘制的水西庄图卷。

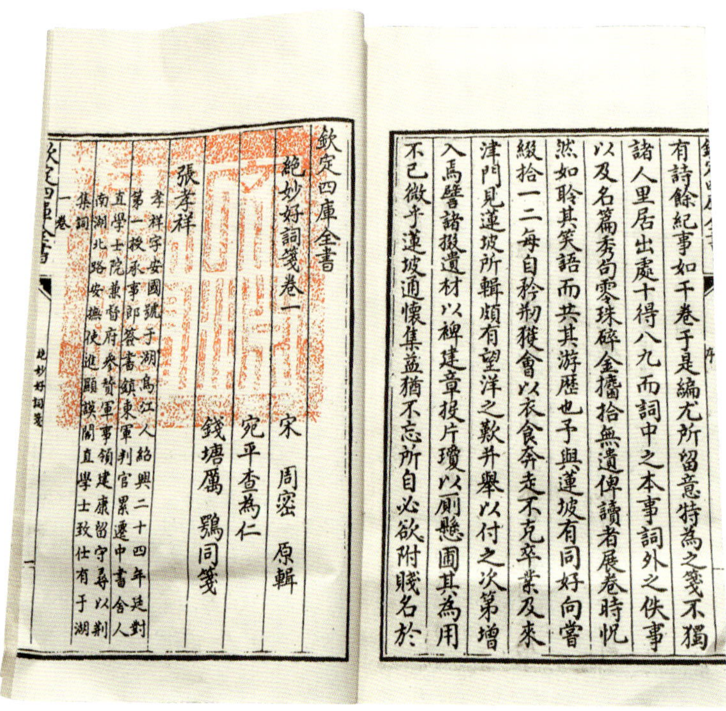

《绝妙好辞笺》 清

纵41、横25厘米

查为仁与浙西词派领袖厉鹗合撰的《绝妙好词笺》被收入《四库全书》。

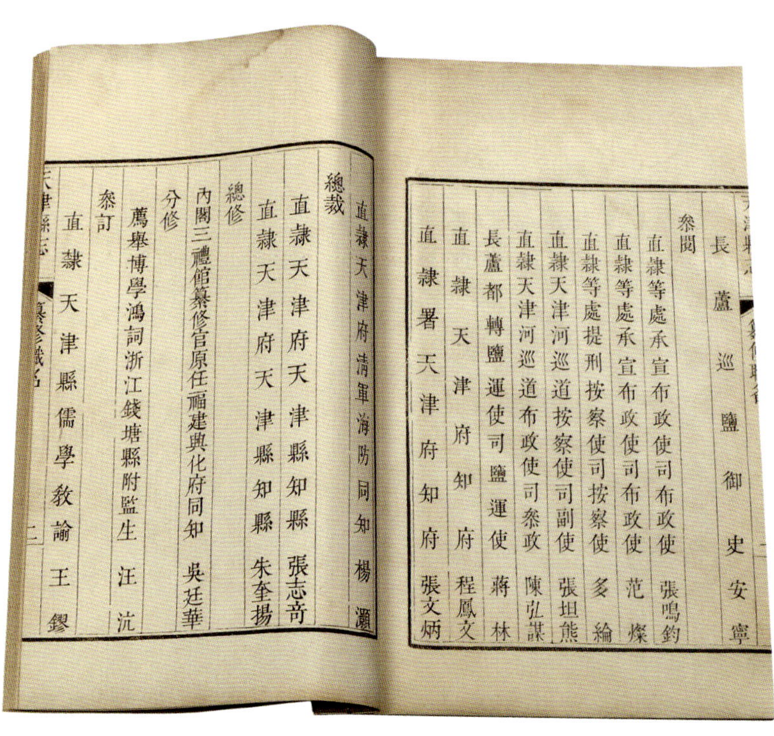

《天津县志》 清

汪沆、吴廷华参与编纂《天津府志》和《天津县志》。

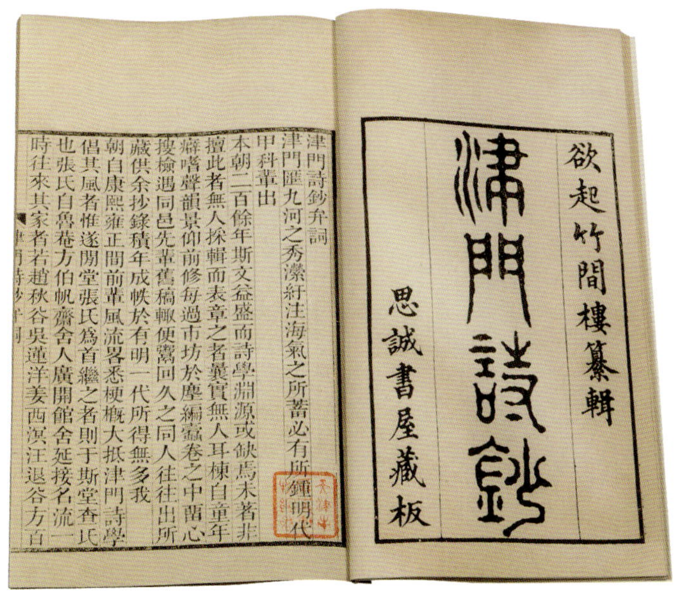

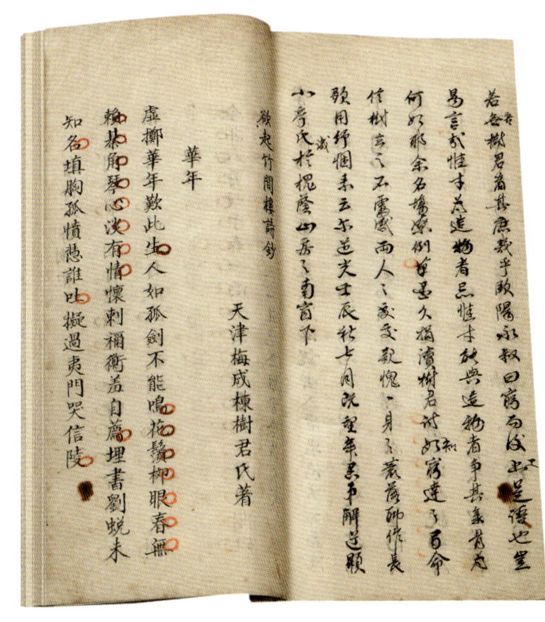

《津门诗抄》、《欲起竹简楼诗钞》诗稿　清

朱岷的外孙梅成栋，有“天津诗薮”之称，曾于此组织梅花诗社，著有《欲起竹简楼诗集》。梅成栋编辑的《津门诗钞》是研究天津史的重要资料。

水西庄旧址保管委员会

1933年6月，河北第一博物院院长严智怡组织成立了水西庄遗址保管委员会，计划将水西庄遗址开辟为公共文化园林。图为水西庄遗址保管委员会委员在遗址前合影。

天津老城内的庙宇

古代天津地区的庙宇较多，到19世纪中叶，城内外及郊区共有庙宇523座，图为天津老城内的庙宇。

始建于 1406 年（明永乐四年）的城隍庙

祭祀河神金龙大王的大王庙

天津黄會由
前清乾隆初年開辦之所由
來也計列於左
第一起宮北門旛二座
第二起針市街太獅二
座
第三起統刚抬閣四座
第四起南斜街义子會
第五起宮前 鄉祠前 下冰窖 中旛三駕
其餘未列之各會不
能盡述也
而且各會皆有天后
宫之掃殿會相遂之

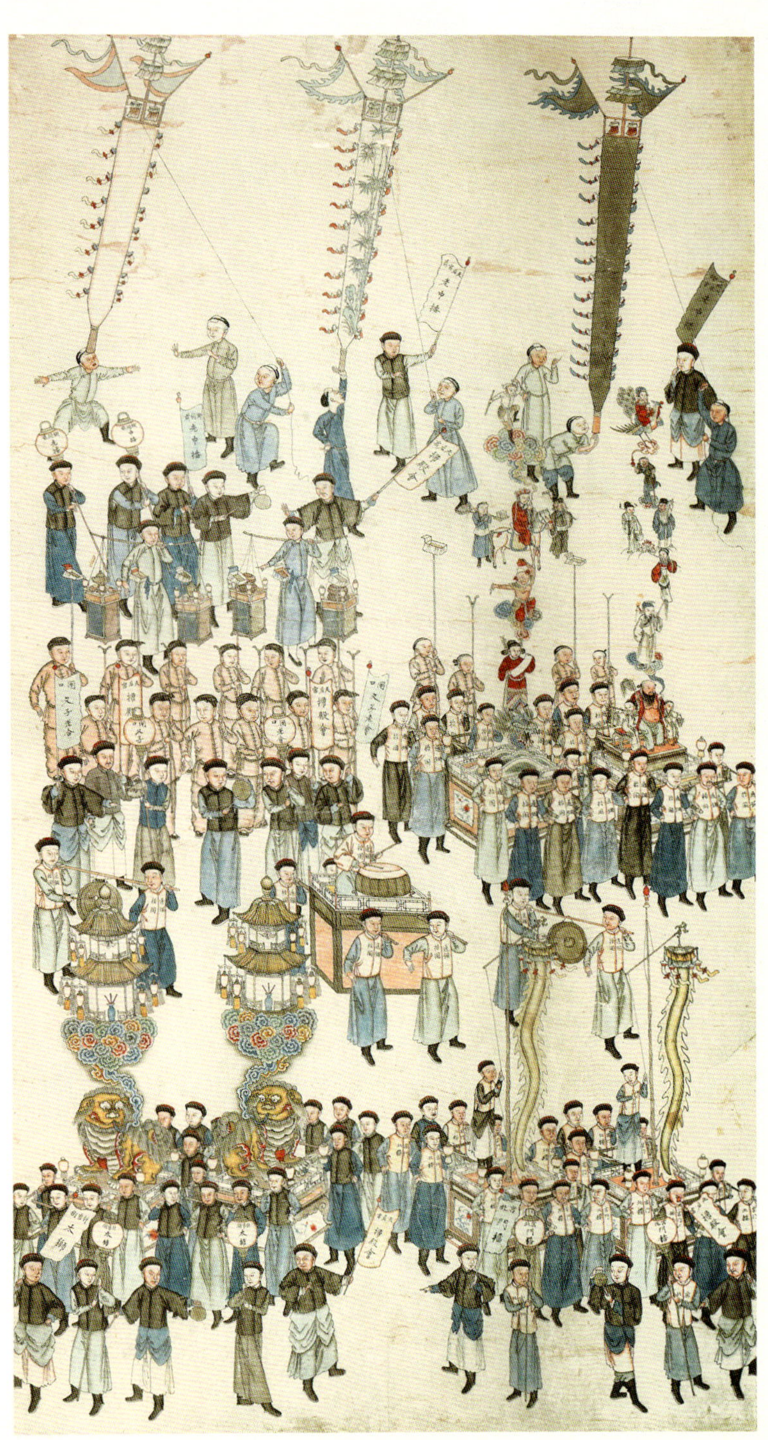

天津皇会图

纵142、横62厘米

皇会是天津民间庆祝妈祖诞辰（农历三月二十三日）而举办的酬神祭祀活动，包括宗教和娱乐活动，其鼎盛时期为清代乾隆至光绪年间。皇会的时间从农历三月十五至二十三日，共计9天。这是皇会图。

天津皇会

皇会的表演内容丰富多彩，表演的各种技艺包括法鼓、大乐、鹤龄、重阁、狮子、挎鼓、中幡、高跷、五虎杠箱、十不闲等；展示的仪仗有门幡、灯扇、宝鼎、銮驾、宝辇等。沿途表演，各自炫耀是皇会表演形式的一大特色。出会多时达一百余道。

娃娃大哥泥塑

长22、厚23、高30厘米

为了满足人们多子多福的愿望，古代天津天后宫里送子娘娘神像前，堆放着许多泥娃娃，俗称“娃娃大哥”，供婚后未孕妇女到庙里“偷拿”，以保佑妇女生育男孩。

玉皇阁

玉皇阁始建于明代，是天津历史上规模最大的道观。

大悲院

佛教寺院大悲禅院始建于1657年（清顺治十四年）至1665年（清康熙四年）间。1669年（清康熙八年）重建。1940年扩建，由天王殿、大雄宝殿和大悲殿组成。

金家窑清真寺

建于1703年（清康熙四十二年，一说万历二十年）的清真大寺，是穆斯林礼拜、祈祷的场所。

五方杂处

自明代设卫筑城开始，大批军人及其家属来到天津。据研究，当年的军户移民约在40760-59733人之间。有295位官员的籍贯至少涉及十几个省，其中位居前四名的是：安徽，84人，占28.5%；江苏，54人，占18.3%；山东，38人，占12.9%；河北31人，占10.5%。移民构成了当时天津人口的主体。

清代人口

据1846年统计，当时天津城乡共有人口244019人，其中城内95351人，四门及东北、西北城角103364人，乡区45304人。天津城厢内外平均每户家庭约为6口人。2004和2005年，蓟县桃花园明清时期的家族墓地出土了171例成年人骨。据研究，其中的女性人骨平均身高约为152.89厘米，低于我国古代和现代北方女性，表明有南方女子移民蓟县。

振德黄家家庙模型

高277、长220、宽180厘米

明清时期，天津较大的家族多建有宗祠，作为节日祭祀祖先、平时供奉牌位及决定族内大事的场所。这是天津大盐商振德黄家的家庙模型。

责任编辑　王　伟

责任印制　张　丽

装帧设计　李　红

设计制作　雅昌设计中心·北京

图书在版编目（CIP）数据

天津人文的由来 / 天津博物馆编. -- 北京 : 文物出版社，2013.11

(天津博物馆文物展览系列图集)

ISBN 978-7-5010-3891-6

Ⅰ. ①天… Ⅱ. ①天… Ⅲ. ①文物-天津市-图集 Ⅳ. ①K872.210.2

中国版本图书馆CIP数据核字(2013)第261224号

天津人文的由来

编　　者　天津博物馆

出版发行　文物出版社

社　　址　北京东直门内北小街2号楼

邮　　编　100007

网　　址　http://www.wenwu.com

邮　　箱　web@wenwu.com

经　　销　新华书店

制版印刷　北京雅昌彩色印刷有限公司

开　　本　889×1194毫米　1/16

印　　张　7.25

版　　次　2013年11月第1版

印　　次　2013年11月第1次印刷

书　　号　ISBN 978-7-5010-3891-6

定　　价　98.00元